W0271377

Wolfgang Milan

Zäune aus Holz

Alte Vorbilder • Neue Formen

Leopold Stocker Verlag
Graz – Stuttgart

Titelgestaltung: Digitalstudio Rypka, Thomas Hofer, Graz;
Titelbilder: Wolfgang Dvorak-Stocker, Graz, rechts unten; die anderen vier Wolfgang Milan, Wien
Abbildungen im Textteil: Wolfgang Dvorak-Stocker, Graz, Seite 80, 99; Pongauer Jägerzaun, Altenmarkt, Seite 13, 51, 58 o., 59 u., 68, 69, 79 o., 87, 93 o., 96 o., 98; Günther Schickhofer, Klosterneuburg, Seite 37; G. Albers, Herscheid, Seite 26. Alle anderen Fotos und Grafiken wurden freundlicherweise vom Autor zur Verfügung gestellt.

Bibliografische Informationen Der Deutschen Bibliothek
Die Deutsche Bibliothek verzeichnet diese Publikation in der DeutschenNationalbibliografie; detailierte bibliografische Daten sind im Internet über http://dnb.ddb.de abrufbar

Der Inhalt des Buches wurde vom Autor und Verlag nach bestem Wissen überprüft; eine Garantie kann jedoch nicht übernommen werden. Die juristische Haftung ist daher ausgeschlossen.

Hinweis
Dieses Buch wurde auf chlorfrei gebleichtem Papier gedruckt.
Die zum Schutz vor Verschmutzung verwendete Einschweißfolie ist aus Polyethylen chlor- und schwefelfrei hergestellt. Diese umweltfreundliche Folie verhält sich grundwasserneutral, ist völlig recyclingfähig und verbrennt in Müllverbrennungsanlagen völlig ungiftig.

ISBN: 3-7020-1117-X
ISBN: 978-3-7020-1117-8
Alle Rechte der Verbreitung, auch durch Film, Funk und Fernsehen, fotomechanische Wiedergabe, Tonträger jeder Art, auszugsweisen Nachdruck oder Einspeicherung und Rückgewinnung in Datenverarbeitungsanlagen aller Art, sind vorbehalten.
© Copyright by Leopold Stocker Verlag, Graz 2006

Layout: wdp-pointinger, Jauerburggasse 21, 8010 Graz
Gesamtherstellung: Gorenjski tisk, Kranj - Slowenien

Inhalt

Vorwort

Das große Interesse an meinem Sachbuch „Ländliche Holzbaukunst – alte Vorbilder für Balkone, Türen, Zäune", bisher in drei Auflagen erschienen, hat mich bewogen, den darin nur kurz erwähnten Teil über Holzzäune wesentlich zu erweitern.

Viele Gartenbesitzer, die oft zugleich auch Heimwerker sind, verrichten sehr gerne selbst einfache Holzarbeiten, und so bietet dieses Sachbuch eine ganze Reihe Tipps zu folgenden Sachgebieten:

- die Auswahl der Zaunform im Einklang mit der sie umgebenden Kulturlandschaft,
- die Aufstellung und Montage des gewünschten Zaunes,
- die zu wählende Holzart,
- das dazugehörige Material und die einzelnen Elemente,
- der Holzschutz und die Oberflächenbehandlung
- und vieles andere mehr.

Zahlreiche Praktiker aus der einschlägigen Holzindustrie sowie der Holzforschung und des Fachhandels standen mir mit Anregungen, Hinweisen und wertvollen Erfahrungen zur Seite.

Gerade der heutige Zeitgeist bringt es mit sich, dass ein vermehrtes Streben nach einem individuellen Rückzugsraum in den eigenen Garten im Grünen feststellbar ist. Darin ein kleiner Teil mit frischem Gemüse, Gewürzkräutern und Heilpflanzen, ein abgeschirmter Bereich zum Ausspannen und Ausruhen, umgeben von schönen Blumen und Sträuchern sowie einem Zaun aus Holz zur Straße hin oder auch rund ums Haus, fördert nicht nur das eigene Wohlbefinden („Wellness"-Trend), sondern wirkt auch belebend auf das Ortsbild.

Einleitung

Seit der Landnahme wird kultiviertes Land eingefriedet, um es zu begrenzen oder Vieh einzusperren, was mit vielerlei Arten von Zäunen gemacht wurde. Zweifelsohne stellen diese Zäune auch heute noch älteste, vornehmlich bäuerliche Volkskunst dar und gehören ihrer Tradition nach zur Volkskultur. Erst in den letzten Jahrzehnten wurde der ästhetische Wert von Holzzäunen neu entdeckt und steht oft einem Wildwuchs unschöner Surrogate aus Eisenstäben und ähnlichen „Kunstwerken" entgegen. Nur dort, wo heute engagierten Leuten die Dorferneuerung wie auch die Pflege des Erscheinungsbildes von Siedlungserweiterungen am Dorf- und Stadtrand ein Anlie-

Flechtzaun (Eine Versammlung von Tieren, Niklaus Stör, 1532)

gen ist und der Bevölkerung in diesen Räumen die Eigenheit ihres unmittelbaren Lebensraumes bewusst gemacht wird, wachsen wieder das Heimatgefühl und die Verbundenheit mit der Kulturlandschaft.

Dieses Anliegen führt auch dazu, dass viele Garten- und Hausbesitzer gerne Holzarbeiten, unter anderem z. B. das Herstellen von Zäunen, wieder selbst in die Hand nehmen und sich als „Heimwerker" betätigen.

Kulturlandschaft

Was wir heute so oft als unsere „Kulturlandschaft" bezeichnen, wurde im Laufe der Geschichte von den Bauern gestaltet. Im Flachland, dem Hügelland, dem Alpenvorland, dem Seenland, den Forsten, Weingärten und schließlich den Tälern folgend, tief eingreifend in das Hochgebirge, überall ist Kultur, vom Menschen geschaffen und beeinflusst. Wenig bleibt davon ausgenommen und der

bloßen Natur überlassen, es sei denn, man zieht sich in das extreme Alpingebiet zurück, wo der Mensch in bloßem Stein, Eis und Schnee nichts mehr gestalten kann.

Wie vielgestaltig ist unser Land auf engem Raum! Wenn man bedenkt, dass Österreich inmitten von Europa zu den meistbesuchtesten Fremdenverkehrsländern gehört, so ist gerade eine intakte Kulturlandschaft von unschätzbarem Wert. Leider vielfach nicht sonderlich beachtet, tragen auch die „Zäune" nicht unerheblich zu einem ansprechenden Erscheinungsbild bei. Die Pflege dieser Landschaft mit all den kleinen Kulturdenkmälern der Volkskunst in den Dörfern rund um die Bauernhöfe, wie Wegkreuze, Bildstöcke, Marterln, Backöfen, Brunnen, Speicherbauten, Mühlen, aber besonders die Einfriedung von Haus und Hof sind eine unabdingbare Notwendigkeit. Deshalb soll in diesem Buch den oft liebevoll gepflegten, umzäunten Blumen-, Gemüse- und Kräutergärtchen sowie sonstigen umfriedeten Ruheplätzen rund ums Haus mit Tipps in Worten, Bildern und Graphiken besondere Aufmerksamkeit geschenkt werden.

Eine gute Beratung durch Fachleute aus der Holzindustrie und dem Fachhandel kann manch störendem Modetrend und falsch verstandenem Zeitgeist entgegenwirken, ohne der Nostalgie das Wort zu sprechen.

Nicht umsonst sagte der österreichische Architekt und Architekturtheoretiker Adolf Loos: „Achte auf die Formen, in denen der Bauer baut, denn sie sind der Urväter gewonnene Substanz."

Begriffsdefinition: Einfriedung, Umfriedung, Zaun

Man spricht vom Zaun, von der Einfriedung oder von der Umfriedung, dies kann zu Unterscheidungs- und Auslegungsschwierigkeiten führen. Es bedarf daher einer Begriffsdefinition, die maßgeblich in der Funktion der Abgrenzung liegt. Damit ist gemeint, seinen Besitz, sein Eigentum, seinen eigenen Bereich gegen andere abzugrenzen und zu schützen, wobei durch die Trennung bei Streitfällen **Frieden** gestiftet werden kann. Der Anspruch auf Lebensraum und das Einhalten der Grenzen bedeutet **friedliches** Nebeneinander, eine Verletzung oder Überschreitung Rechtsstreit oder, global gesehen, sogar Krieg.

Umgibt man ein Stück Land mit einer sichtbaren Abgrenzung, so wird es unter einen erhöhten **„Frieden"** gestellt, dies soll auch heißen, dass dieses Stück Land friedbar gemacht wurde, um es in einen geeigneten Zustand für Schutz- und Friedensaufgaben zu versetzen. Daher auch der Begriff **„Umfriedung"**. In der Silbe **„um"** steckt die Bedeutung für eine **um**fassende sichtbare räumliche Begrenzung.

Diese sichtbare Abgrenzung ist den Wörtern **„Umfriedung", „Einfriedung"** und **„Zaun"** in gleicher Weise innewohnend und kann im Allgemeinen, je nach verwendetem Material, sowohl eine Mauer, ein Wall, eine Hecke oder ein Zaun sein. Beim Zaun ist das Material allerdings besonders unterschiedlich, es kann aus Eisen, Aluminium, Drahtgeflecht, Plastik, Bambus, Schilfrohr u. v. a. m., besonders aber aus **Holz** bestehen.

Flechtzaun, Kupferstich von Albrecht Dürer, 1518

Welche Funktionen haben eigentlich Zäune?

Bevor auf die Arten der Zäune eingegangen wird, ist es sicher von Interesse, auf ihre Funktion in Geschichte und Gegenwart einzugehen und diese mit Beispielen darzustellen.

Das Trennende

Vor Tausenden von Jahren haben Jäger Zäune errichtet, um Wild mittels übereinander gelegtem Astwerk, Dornenhecken und Gestrüpp an der Fluchtmöglichkeit zu hindern und um mit Pfeil und Bogen recht nahe an das Wild heranzukommen. Später diente den Hirtenvölkern schon ein umzäunter Kral, eine Sammlung von Hütten, als Mittel, um das halbdomestizierte Vieh am Ausbrechen zu hindern und dazu vor allem während der Nacht im Kral gegen Raubtiere und Wilddiebe zu schützen. Diese kleinen Schafskrale findet man noch heute bei schafhaltenden Bauern in Südosteuropa, z. B. in Thessalien (Griechenland).

Aus diesen Schutzzäunen entwickelte sich durch das Sesshaftwerden unserer Ahnen allmählich die umzäunte Siedlung.

Die Weiterentwicklung des Trennenden, den Schutz des Besitzes im Mittelalter, findet man in Form von Stadtmauern. Auch die Klostermauern wiesen eine Schutzfunktion vor dem Eindringen nicht gewünschter Einflüsse von der Außenwelt auf. Viele Beispiele aus der jüngsten Vergangenheit und auch aus der Gegenwart wären hier anzuführen, etwa der „Eiserne Vorhang" bis 1989,

der Zaun entlang der Grenze zwischen den USA und Mexiko oder gegenwärtig der israelische Mauerbau im Westjordanland, um sich gegen die Palästinenser abzuschotten.

Eine positive Funktion des Trennenden findet man dagegen im sogenannten Vorgartenzaun zwischen Wohnhaus und Straße, um einen kleinen Raum selbst gestalteter Welt einzugrenzen, aber zugleich auch als Dekoration, mit der Aufgabe einer ästhetischen Formgebung zur Haus- und Dorfgestaltung.

Das Gemeinsame

Hier liegt der Wunsch der Einfriedung des gemeinschaftlichen Besitzes zugrunde, wobei das „Wir" über das „Ich" gestellt wird, seien es nun Sportstätten, Kinderspielplätze, Parkanlagen und Wegbegrenzungen, aber auch etwa Wildzäune für die Gemeindejagdgebiete oder Gestaltungsaufgaben für Vorgartenzäune einer Reihenhaussiedlung, dies zugleich als Prüfstein für die Ortsbildgestaltung.

Diese Neugestaltung von Umzäunungen wird den Landbewohnern nicht so auffallen wie dem Besucher aus der Stadt. Leider trifft man auch auf Dorfbewohner, die auffallend „anders" sein wollen, etwa, was die pseudoalpinen traditionellen Zäune in den Vorgärten schöner Anger- oder Reihendörfer des Weinviertels oder des Burgenlands angeht. Hier könnte man sarkastisch feststellen: Vieh- und Weidezäune um den Vorgarten lassen vermutlich auf eine Herde von „Rindern" im Vorgarten schließen.

Schließlich die erfreuliche Funktion:

Das Verbindende

Der Zaun als verbindendes Element zwischen zwei Grundbesitzern – Nachbarn – gilt heute zwar auch noch als sichtbare Abgrenzung des Eigentums, in

der Regel weist die Abwehr- oder Schutzfunktion aber nur mehr einen symbolischen Charakter auf.
Das Gespräch über den Zaun hinweg, die verbindende Interessenabwägung und Abstimmung über die Bepflanzung beiderseits des Zaunes, des Sicht- und Lärmschutzes und das direkte Türl zum Nachbarn sind positive Merkmale. Ferdinand Waldmüller, einer der bedeutensten Maler des Wiener Biedermeiers, hat das verbindende Element mit seinem Bild des Pärchens und dessen „Umarmung über den Zaun" trefflich dargestellt (siehe Seite 15). Der alltägliche Tratsch am Zaun ist überdies ebenso noch nicht ausgestorben.

Einteilung der Umfriedungen

Grundsätzlich lassen sich die Umfriedungen nach folgenden **Arten** und folgendem **Zweck** einteilen:

Arten
- Der Staudenhag, Astwerk, Latschen
- Schilfzäune, Stroh- und Bambuszäune - Matten
- Der **Holzzaun** aus Pfosten, Stehern, Brettern, Stangen, Spelten oder Latten
- Hecken als lebende Abgrenzung aus Büschen, Sträuchern, Weidengeflecht
- Zäune aus Maschendraht, Stacheldraht, Drahtgeflecht, Schmiedeeisen, Eisenstäben, Aluminium, Plastik, Zaunimitation aus Zementguss
- Mauern aus Ziegeln, Lehmziegeln und Bruchsteinen verschiedenen geologischen Ursprungs
- Aufgeschüttete Erdwälle mit Bepflanzung

Zweck
- Sicherheits- und Schutzabgrenzungen auf Almen und Viehweiden, bei Bachufern, Flüssen (Klammsteigen, Wasserfällen); meist aus Holz, entlang von Straßen, Flüssen und Bahngeleisen
- Windgürtel als lebende Umfriedung gegen das Vertragen von trockener Ackererde, Sand durch Wind sowie im Winter Planken gegen Schneeverwehungen

- Durchlässe, Türen, Tore, Gatter, Überstiegerln, Drehtore
- Wildzäune, zum Einsperren oder Aussperren wie z. B. Zäune bei Aufforstungen
- Permanente Abgrenzungen mit Holzzäunen für Wiesen, Weidegründe und Wegabgrenzungen
- Abbaubare Elektrozäune um Wiesen in der Grünlandbewirtschaftung
- Sicherheitsabgrenzung (Einbruch und Diebstahl)
- Abgrenzungen rund ums Haus, zum Nachbarn, sowie um Gemüse-, Kräuter- und Vorgärten, Freizeiteinrichtungen, Kinderspielplätze
- Wind-, Lärm-, Sichtschutzzäune bzw. Wände nächst dem Haus und im Gartenbereich

Zaunlandschaft – Kulturlandschaft

Holzzäune in ihrer unterschiedlichen Form sind heute nicht nur landschaftsprägende Elemente, die oft ganz typisch für bestimmte Regionen in der Kulturlandschaft sind, sie sind gewissermaßen ein Teil von ihnen. Welch belebenden, malerischen Eindruck in den Grünlandgebieten machen die gelegentlich noch vorzufindenden Holzzäune, die sich über Alm, Berg und Tal dahinziehen. Man nennt sie auch „Zaunlandschaften". Viel zu oft werden diese Zeugen traditionsreichen handwerklichen Könnens gegen neue, „gesichtslose" und somit untypische Zaunformen eingetauscht. Welch einen trostlosen Eindruck bieten die zwar viel billigeren Stacheldrahtverhaue, die obendrein noch gefährlich für Mensch und Tier sind. Wenn es auf die Orts- und Landschaftspflege ankommt, die heute manchen Grund zur Diskussion gibt, sollte man sich der alten Zaunformen entsinnen, die mit hohem technischen Können über viele Jahrhunderte hinweg neu aufgebaut, gepflegt und ausgebessert wurden. Aus landtechnischer Sicht ist gewiss nichts gegen die abbaubaren Elektrozäune einzuwenden, aber zumindest rund um den Bauernhof und allenfalls einen Zweitwohnsitz sollte es keine Stacheldrahtzäune geben, die das Erscheinungsbild „verunzieren", vor allem dann nicht, wenn der Hof in einem Fremdenverkehrsgebiet liegt und „Urlaub am Bauernhof" ein zusätzliches Einkommen ermöglicht.

Dasselbe gilt für den Dorf-, Dorfrand- und Stadtranderweiterungsbereich, wo oft hässliche Garten- und Vorgartenzäune sowie andere Abgrenzungen das Gesamtbild rund ums Haus „verschönern". Vierkantige Eisenstäbe werden mit viel „Einfühlungsvermögen" phantasievoll zusammengeschweißt, mit Silber- oder Bronzefarben lackiert und im Einklang mit dem Stil des Hauses, allenfalls versehen mit einem prächtigen Holzbalkon, und der Hausfarbe abgestimmt!

Natürlich darf man heutzutage die Situation nicht nur krankjammern, sondern muss vor allem als glücklicher Besitzer eines Gartens, allenfalls auch als Heimwerker, über Alternativen nachdenken. Warum nicht **Holzzäune**? Etwa Lattenzäune, diese entsprechen doch viel eher dem Erscheinungsbild des ländlichen Raumes, den Siedlungen und Erweiterungsbereichen an Stadträndern oder am eigenen Neubau!

Art und Zweck der Umzäunungen

Innerhalb der Zaunarten handelt es sich einerseits noch um die Vieh-, Weide- und Almzäune und andererseits – man kann kaum mehr von Zaunlandschaf-

Stacheldraht mag zwar praktisch sein, schön ist er nie!

ten sprechen – um die Umzäunung von Haus, Hof und Garten, von Alt- und Neubauten im Dorf und in Stadtrandsiedlungen.

Die Art der Zäune hängt vornehmlich vom **Zweck und Nutzen** ab, die sie zu erfüllen haben, sowie von den Siedlungsstrukturen, die für die Wahl der Zaunart mitbestimmend sind oder waren, sei es aus Tradition oder wirtschaftlichen Gegebenheiten sowie dem Zeitgeist entsprechend.

Die Verschiedenartigkeit der Siedlungsstrukturen drückt sich naturgemäß auch in den verschiedenen Zaunformen aus. Während in den östlichen Regionen Österreichs, z. B. in den Sammelsiedlungen mit Breitanger-, Straßen- oder Bachuferdörfern, die Vorgartenzäune üblich sind (oder waren!), die das Haus von der Straße trennen, sind die speziell eingezäunten Gemüse- und Kräutergärten eher noch hinter dem Haus zu finden, wo auch dann die Obstgärten, im Weinviertel die Weingärten, anschließen.

In den Streusiedlungsgebieten im Alpenvorland und in den alpinen Regionen allerdings sind nur die Nutzgärten, auch „ Bauerngärten" genannt, im Umfeld des Hofes eingezäunt, vornehmlich zum Schutz vor Wildtieren, die frisches Gemüse besonders schmackhaft finden.

In den Dorferweiterungs- und Stadtrandsiedlungen findet man nur mehr selten eine Umzäunung von Gemüsegärten, der gesamte Besitz ist aber sehr wohl umfriedet, wobei innerhalb der Umfriedung zweckgebundene Gartenteile immer beliebter werden, z. B. der Ziergarten mit Blumenbeeten, der Obstgarten, aber auch die kleinen Beete für Gewürzkräuter und Gemüse. Ganz besonders in Mode gekommen ist der Wellness- und Ruhebereich mit speziellen Sicht-, Lärm- und Windschutz-Zaunelementen. Das Wohnen wurde zum Teil in den Garten verlegt. Nicht zu vergessen sind die Kinderspielplätze mit Spielgeräten, vornehmlich aus Holz, sowie eine unbedingt notwendige Umzäunung von Schwimmbecken und Schwimmteichen zum Schutz von Kleinkindern.

Natürlich gibt es in einigen Regionen Österreichs, Südtirols und Süddeutschlands traditionelle alte Zaunformen, die meist im Grünland und in alpinen Bereichen als Weidezäune anzutreffen sind. Man findet diese neuerdings aber auch bei einzelstehenden Bauernhöfen und Wochenendhäusern, und neuerdings werden diese auch an den Eingängen zu und in Nationalparks neu aufgebaut. Manche Gemeinden verpflichten sich, und das ist besonders erfreulich, Neubauten, mit den regional üblichen, traditionellen Zäunen zu umfrieden. Es sind dies, soweit der Autor feststellen konnte, der Kreuzzaun, der Schröghag, der Bänderzaun und sogar der Girschtenzaun (Pinzgauerzaun), der Girschtenzaun mit Wied'n, der Stangenhag, der Stangenhag mit Zaunringen, verschiedene Flechtzäune und der Bretterzaun. Diese Zaunarten sind auch in der Karte „Traditionelle Holzzaunformen"im Anhang nach Standorten in Skizzen festgehalten.

Empfehlungen zum Selbstbau von Zäunen für Heimwerker

In den nachfolgenden Kapiteln erhalten Sie Informationen und Tipps für den Selbstbau und die Montage von Zäunen, die richtige Holzwahl sowie Hinweise, welche eventuell notwendigen Komponenten Sie im Fachhandel und bei Zaun-Erzeugern beziehen können.

Für Gartenzäune eignen sich

Lattenzaun
Staketenzaun
Hanichelzaun
Flechtzaun
Lamellenzaun
Palisadenzaun – Schanzzaun
Jägerzaun – Scherengitterzaun
Spitzzaun

Für Zäune rund um Haus und Hof

Stangenhag mit Zaunringen
Bänderzaun – Schusszaun
Schwartlingzaun
Koppelzaun

Zäune für Sicht-, Lärm- und Windschutz

Bretterzaun – Planken senkrecht
Bretterzaun – Planken waagrecht
Schilfzaun
Lamellenzaun, hoch
Sichtschutzzaun

Die Montage der Schutzzäune ist allerdings nur dann in eigener Regie empfehlenswert, wenn man sich einen Großteil vorgefertigter Teile beim Fachhandel oder Hersteller besorgen kann.

Selbstverständlich ist diese Liste nicht vollständig, denn es gibt in einigen Regionen alte, traditionelle Zaunformen. Diese werden vereinzelt noch von kundigen Bauern und Zimmerleuten auf Bestellung hergestellt.

Checkliste zur Zaunplanung für Heimwerker

Wenn Sie einen Zaun errichten wollen, stellen sich eine Menge Fragen, die es zu überdenken gibt. Ich hoffe, dass Ihnen diese Checkliste dabei hilft.

- **Was** soll umzäunt werden in Bezug auf Zweck, Sicherheit, Trennung und Nutzen?
  Zaun für den Vorgarten, Gemüse- und Kräutergarten, Ziergarten, Obstgarten, Kinderspielplatz, Schwimmbecken (Kleinkinder!), ruhige Ecke, Sichtschutz, Lärmschutz, Windschutz, nur Wiese oder allgemein Einfriedung des ganzen Besitzes, eventuell Pferdestall oder auch Kleintiere (Hühner, Hasen etc.)?
- **Welchen** Haustyp besitze ich?
- **Welche** Zaunart passt zu:
  Villa, Vorstadthaus, Siedlungshaus, Reihenhaussiedlung, Einzelwohnhaus, Niedrigenergiehaus, altes, nicht mehr bewirtschaftetes Bauernhaus – Bauernhof als Zweitwohnsitz?
- **Welche** traditionellen Holzzaunformen sind in meiner näheren Umgebung noch üblich?
- **Wo** erhalte ich Auskunft, ob örtlich gesetzliche Vorschriften für den Aufbau eines Zaunes vorliegen?
- **Wie** stimme ich den geplanten Typ meines Zaunes mit dem des Nachbarn ab?
- **Habe** ich mich mit dem Nachbarn in Bezug auf Beschattung, Lärmbelästigung und Sichtbehinderung in die Privatsphäre ins Einvernehmen gesetzt?
- Für **welchen** Teil des Zaunes gegenüber dem Nachbarn bin ich verantwortlich?

- **Welche** Zaunart ist leicht selbst aufzubauen? Habe ich Holz aus meinem eigenen Wald?
- **Wo** erhalte ich das richtige notwendige Holz sonst?
- **Wer** hobelt und bearbeitet mir Holz bei speziellen Wünschen (Mangel an passendem Werkzeug)? Sägewerk in der Nähe?
- **Welche** Zaunteile kann ich vorgefertigt beim Fachhandel oder bei Zaunherstellern kaufen?
- **Welche** Werkzeuge brauche ich zum Setzen der Pfosten und Graben von Punktfundamenten aus Beton?
- **Welche** Holzzaunbeschläge aus Metall benötige ich für den Aufbau, Torbau und konstruktiven Holzschutz?
- **Wie** imprägniere ich Holz chemisch? Imprägniere ich gar nicht oder wende ich konstruktiven Holzschutz an?

Die Beantwortung dieser Fragen aus obiger Checkliste können Sie anschließend den folgenden Kapiteln entnehmen.

Tipps zur Verhinderung von Fehlplanungen

Proportionen zum Haus, Harmonie beachten

- Stilanpassung zum Holzbalkon des Wohnhauses, Holzaufbauten am Haus oder zu einem reinen Holzblockbau
- Anstrich des Holzzaunes in Angleichung zur Farbe des Hauses Disharmonie (z. B. rustikaler Zaun alpiner Art vor einem niederösterreichischen Winzerhaus) vermeiden
- Kein überladener, viel zu schwerer Zaun bzw. keine „Angeberbalustrade" am Treppenaufgang zum Haustor
- Kein Kitsch- und „Lederhosenstil" im Umfeld des regionalen konservativen Ortsbildes, um nach dem Motto „Ich kann es mir ja leisten!" aufzufallen
- Örtliche Gestaltungsbedingungen beachten. Prestigepflanzen sollen den Zaun nicht verdecken

- Kein hoher Bretterzaun bzw. keine Planken, die das Haus verdecken und dem Ensemble ein billiges Aussehen verleihen. Genehmigungspflicht im Dorf prüfen!

Material für den Holzzaunbau

Wie kommt der Heimwerker zum notwendigen Material (Komponenten)?
Da es sich bei diesen Arbeiten vornehmlich um den Holzzaun dreht, kann man die Beschaffung des notwendigen Materials auf folgende Quellen beschränken:

- Holz aus dem eigenen Wald und die Möglichkeit, die benötigten Bauteile selbst weiter zu verarbeiten. Voraussetzung ist allerdings die Verfügbarkeit entsprechenden Werkzeuges zur Fertigung, wenn es nur das Holz betrifft.
- Holz von einem Sägewerk, welches den entsprechenden Zuschnitt besorgt oder auch für das eigene Holz im Lohnschnitt zur Verfügung steht.
- Vorgefertigte Einzelteile vom Fachhandel und der Zaunindustrie, Spezialfirmen, die sich nur mit der Herstellung von Holzzäunen und dem dazugehörigen zugeschnittenen Holz zur Montage für Heimwerker beschäftigen, einschließlich ganzer Zaunelemente, (Verkleidung/Zaunfeld = Riegel mit Latten als Ganzes), Bretter, Latten, Riegel, Pfosten; entweder naturbelassen, vorgetrocknet oder druckimprägniert.

Der Fachhandel verfügt überdies auch über spezielle, für den Holzzaunbau notwendige Einzelteile aus Metall mit feuerverzinkten, buntchromatisierten, galvanisierten, korrosionsgeschützten Oberflächen sowie Beschläge für Zauntüren und Tore und Betonrohre zum Ausgießen.

Weiters eine der wichtigsten Komponenten zur Stabilisierung der Zäune – die Träger für Holzpfosten. Sie sind einfach zu montieren und je nach Ausführung zum Einschlagen in den Boden mittels Bodenhülsen sowie Hülsen zum Einbetonieren. Ferner Pfostenträger zum Aufschrauben auf die Betonunterlagen. Im Kapitel „Tipps zum Setzen von Zaunpfosten" wird auf die verschiedenen Komponenten und deren Montage im Detail für Heimwerker eingegangen.

Die einzelnen Bestandteile – Komponentenerläuterung

Als Musterbeispiel sollen hier die Einzelteile eines Lattenzaunes angeführt werden.

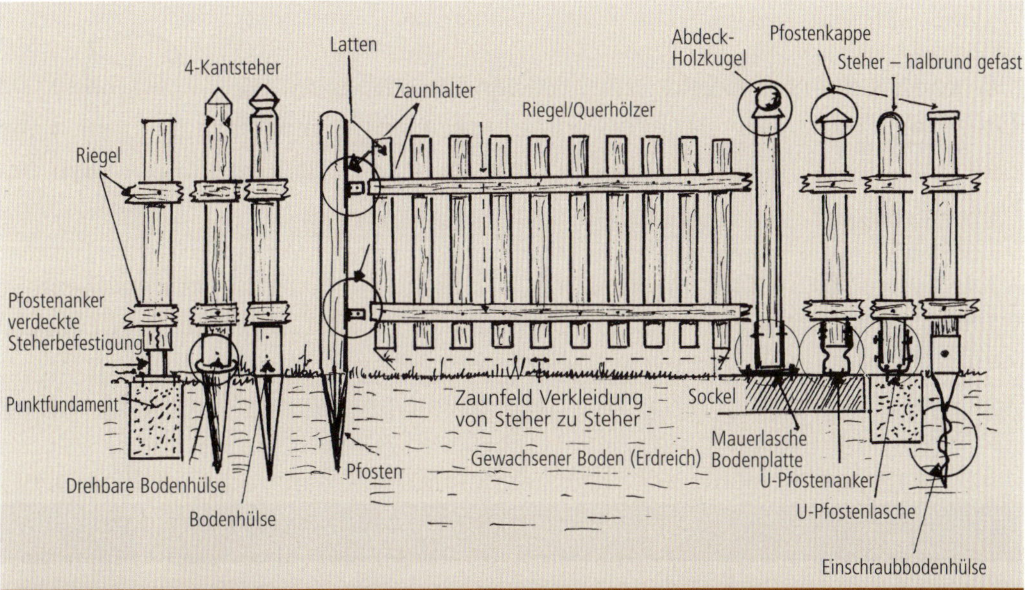

Benennung der Komponenten

1. Pfosten, auch Steher genannt, vierkantig oder aus Rundholz, die Steher sind meist oben abgefast. Im Sinne des konstruktiven Holzschutzes sollten die Köpfe der Pfosten bzw. Steher mit Abdeckkappen aus Holz, Metall oder Zierkugeln versehen werden.
2. Querhölzer/Riegel, auch Riegelbretter oder Durchzüge genannt, als Verbindung zwischen den Stehern.
3. Latten weisen unterschiedliche Breite, Höhe und Stärke auf. Sie werden an zwei Querhölzern angenagelt. Die Latten, montiert auf den Querhölzern, ergeben zwischen den Stehern die Zaunfelder, auch „Verkleidung" genannt. Die Riegel mit Latten werden mit Zaunhaltern oder Winkeln (Beschläge) an den Stehern befestigt beziehungsweise bei Mauern angedübelt.

Beschläge

Die Beschläge dienen zur Verbindung der verschiedenen Hölzer, aber vornehmlich für die Verankerung der Steher im Boden oder auf Fundamenten:

- Einschlagbodenhülse für die Verankerung der Steher im Boden

1. Einschlagen mit einem Einschlagwerkzeug
2. Mit Wasserwaage Sitz kontrollieren
3. Pfosten in der Hülse festschrauben

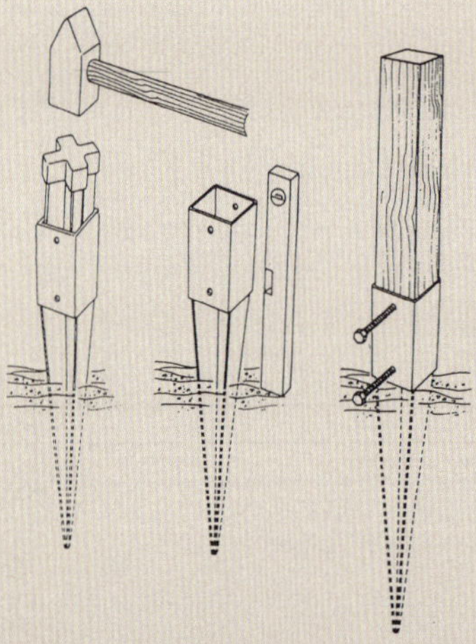

Bodenhülse zum Einschlagen für Rundhölzer

Einschlagen einer Bodenhülse

Es kann vorkommen, dass sich beim Einschlagen der Bodenhülse in den Boden durch ein Hindernis (Stein) die Hülse verdreht.

a) Es ist schwierig, diese Bodenhülse aus dem Boden wieder hochzuziehen, und daher hat man den Ausweg gefunden, eine Bodenhülse mit verstellbarem Topf zu entwickeln. So kann der in der Bodenhülse schon fertig montierte Pfosten nachträglich sowohl senkrecht als auch in der Flucht exakt mit Hilfe einer Wasserwaage ausgerichtet werden.

b) Wie in der Skizze gezeigt; Schraube im Topf mit Schraubenschlüssel (19 mm) lösen, Topf und Wasserwaage gemäß der Richtschnur exakt einrichten und Schraube wieder festziehen.

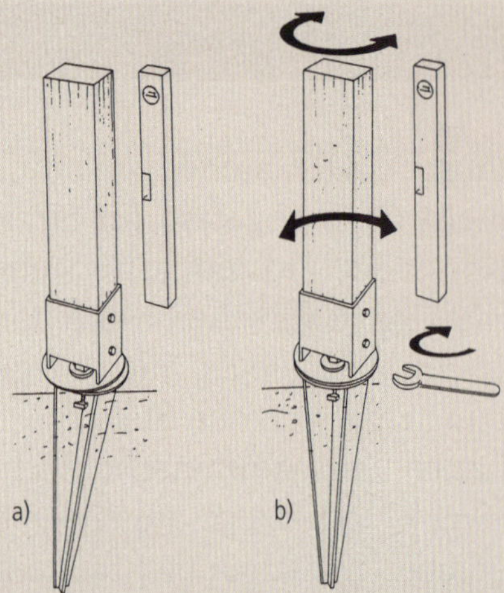

Einschlagbodenhülse mit verstellbarem Topf

- Verstellbare Bodenhülse mit beweglichem Oberteil zur genauen Justierung der Vierkantsteher
- Einschraubbodenhülse für Steher mit einem korkenzieherartigen Gewinde, um die Hülse in den Boden einzudrehen, hiezu benötigt man zusätzlich ein Einschraubwerkzeug
- Bodenhülse zum Einzementieren im Betonsockel - Punktfundament
- Pfostenträger mit Stift zum Einbetonieren oder Bodenplatte zum Aufdübeln
- Pfostenträger mit einer Pfostenzwangsauflage (Einbuchtung) zum Zweck der guten Unterlüftung des Steherfußes im Sinne des konstruktiven Holzschutzes

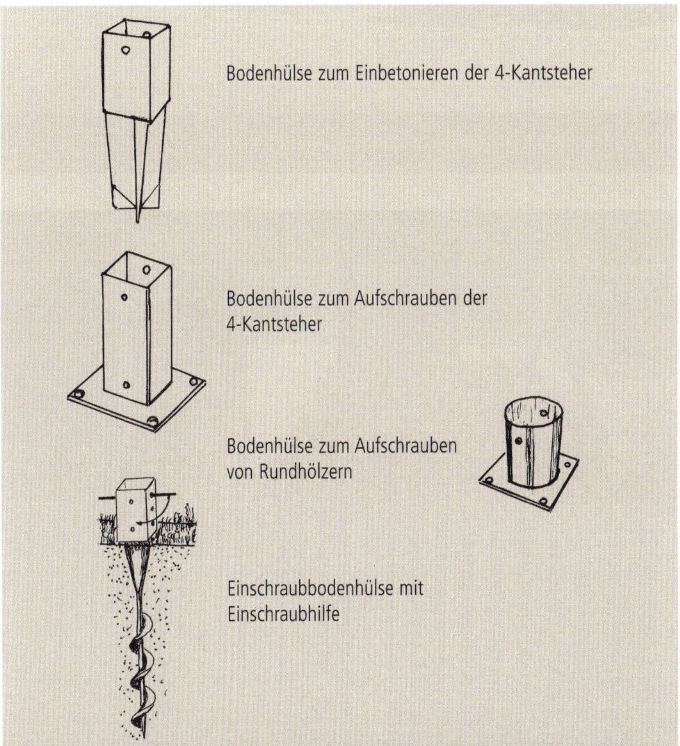

Unterschiedliche Bodenhülsen

Einschlagbodenhülse mit verstellbarem Topf

Aufschraubbarer U-Pfostenträger mit Zwangsauflage

Die Steher stecken in Pfostenhülsen

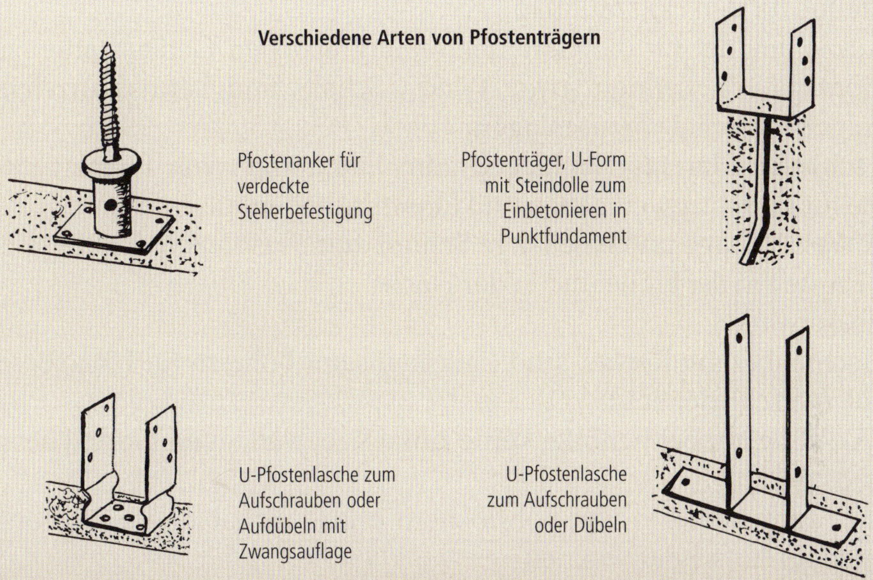

Unterschiedliche Pfostenträger

Bei schwereren Zäunen empfiehlt sich die Errichtung von Punktfundamenten oder einer durchgehenden Mauer. Die Befestigung der Steher erfolgt entweder mittels einbetonierter Pfostenträger oder sie werden in vorgesehene Aussparungen der Fundamente am Schluss einbetoniert.

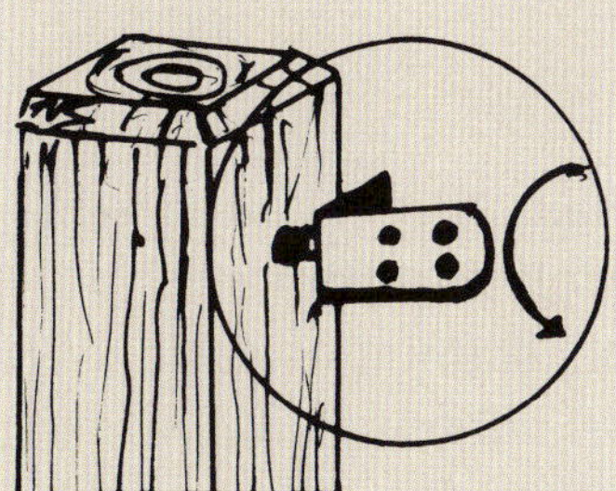

Schraublasche (Zaunhalter)

Zaunhalter

Werkzeuge für den Holzzaunbau

Mit Ausnahme der für die Gartenbetreuung üblichen Gerätschaften sind für die Montage von Zäunen sowie Wind-, Schall- und Lärmschutzelementen nachfolgende Geräte vorzuschlagen:

- Ein schwerer Hammer (Schlegel) zum Einrammen von Pfosten (Stehern) sowie für Einschlagwerkzeuge und Einschlagbodenhülsen
- Eine Wasserwaage und eine lange Schnur zum Ausrichten der eingeschlagenen Pfosten in der Höhe und in der Flucht
- Schlosserwinkel
- Bohrschrauber mit Rechts- und Linkslauf samt Bohrern für Holz, Beton und Metall (verschiedener Ø)
  Ein Akku-Schrauber benötigt keine lange Kabelverlegung (Vorteil bei großen Grundstücken)
- Körner zum Anreißen von Bohrlöchern mittels Schablone bei Betonfundamenten für Aufschraublaschen
- Rostfreie, feuerverzinkte Schrauben, Muttern, Nägel, Beilagscheiben etc. für Holz und Beton bzw. Mauerwerk
- Geeignete Dübel entsprechend der Schraubengröße
- Schweres Rammeisen zum Vorschlagen der Pfostenlöcher von bis zu 40–60 cm Tiefe

Weiters: Spaten, Schaufel, Krampen, Brechstange mit Geißfuß, eventuell einen gemieteten Kleinbagger, Handbagger, Hammer, Beißzange usw.

Lebensdauer von Zäunen (Anstriche)

Sehr oft werden folgende Fragen gestellt: Wie lange hält z. B. ein Lattenzaun? Soll man den Zaun streichen, roh belassen oder das Holz imprägnieren? Grundsätzlich kommt es auf das verwendete Holz an: stammt es aus dem eigenen Wald, vom Sägewerk, vom Fachhandel, ist es vorgetrocknet, imprägniert, roh belassen, sägerau, gehobelt, schon abgefast?

Wenn Sie diese Fragen einmal geklärt haben, ist die Frage der Holzart noch zu klären, denn nicht in allen Regionen erhält man z. B. gutes heimisches Lärchenholz. Wenn man Glück hat und das Holz (nur Kantholz verwenden) von

Flechten sind zwar dekorativ, fördern aber die Holzzerstörung

einer alten, langsam gewachsenen Lärche stammt und auch der Boden im Garten nicht dauernd feucht ist, kann der Zaun 60 Jahre alt werden. Bei der Auswahl von Lärchenholz ist darauf zu achten, dass nur Kernholz (dunkler) und kein Splintholz (heller) gekauft wird. Weitaus weniger haltbar ist ein Zaun aus Fichtenholz, wobei schon einmal eine Latte nach 20 Jahren ausgewechselt werden muss oder ein Riegel, bei dem am Zaunhalter bei der Verschraubung Feuchtigkeit eingedrungen ist.

In der Regel muss ein Zaun, obwohl er immer dem Wetter und UV-Strahlung ausgesetzt ist, nicht unbedingt gestrichen werden. Man denkt meistens, ein Anstrich wirke konservierend.

Wie eine Untersuchung der TU in Wien ergeben hat, verlängert ein Anstrich die Lebensdauer des Holzes nicht unbedingt. Außerdem muss ein Anstrich nach einigen Jahren ausgebessert werden.

Siehe hierzu auch die anschließenden Tipps zum Anstreichen von Holzzäunen!

Die Haltbarkeit des Zaunes hängt stark von Umwelteinflüssen ab

Einen Einfluss auf die Lebensdauer eines Zaunes hat allerdings die Lage des Zaunes rund ums Haus: liegt er sonnseitig, im Halbschatten, auf der Wetterseite, wird er stark von Strauchwerk überwachsen und das Holz kann kaum mehr trocknen? Handelt es sich um einen Vorgarten zur Straße hin, beeinflussen Staub und Nässe die schnellere Alterung? Dies sind einige Gesichtspunkte, die Sie beachten sollten, wenn Sie um die Lebensdauer Ihres Zaunes besorgt sind. Eine sichtbare Alterung kann aber auch gewünscht sein.

Hier sollte man an die alten Schindeldächer auf Almhütten denken, die nach ein bis zwei Mal Umdecken 80 bis 90 Jahre oder älter sind, vor allem, wenn die Schindeln nicht gesägt, sondern gespalten wurden.

Eines darf bei Lärchenholzzäunen nicht stören: dass sie nach einiger Zeit durch die Verwitterung einen silbrig-weißen Glanz bekommen. Besonders bei der Verwendung geklobener oder gespaltener Hölzer bei traditionellen Zäunen, z. B. Girschten, die meistens schon über 50 Jahre und auch mehr den Naturgewalten standhielten und nicht den „schönen Stacheldrahtzäunen" weichen mussten, ist dieses Silbergrau ein kleiner Beitrag zur Erhaltung des regionalen Erscheinungsbildes.

Zur Steigerung der Lebensdauer eines Zaunes dienen auch die Maßnahmen des konstruktiven Holzschutzes, die in einem eigenen Kapitel aufgezeigt werden.

Anstriche (Lacke, Lasuren)

Beim Anstreichen des Zaunes mit den individuell gewünschten Farben ist die Abstimmung der Farben mit dem umzäunten oder unmittelbar benachbarten Haus eine Frage der Ästhetik, des individuellen Farbgefühles sowie ein Ausdruck des Willens nach Kontrast oder Gleichklang. Sehr maßgebend ist auch das lokale Umfeld des Hauses; eine Abstimmung mit den Nachbarn, was die Zaunart und den Anstrich betrifft, ist empfehlenswert.
Im Folgenden ein paar kurze Erläuterungen zu den im Fachhandel erhältlichen Holzbeschichtungsstoffen und Aufbringungsmethoden.

Imprägnieren: Aufbringen eines Holzschutzmittels, enthält wenig Bindemittel und ist nicht schichtbildend.
Grundieren: Aufbringen eines hochpigmentierten Beschichtungsstoffes, der nicht als Deckschicht angewendet werden darf
Lackieren: Aufbringen eines Lackes, deckender Schutzanstrich aus verschiedenen Bindemitteln und Pigmenten. Bildet nach dem Trocknen einen geschlossenen Film
Lasieren: Aufbringen einer Lasur, eines nicht deckenden (lasierenden) Lackes. Die Holzmaserung bleibt sichtbar
Acrylharzlack: Lack, dessen Bindemittel Acrylate sind
Alkydharzlack: Lack, dessen Bindemittel Alkydharzlacke sind
Langöliger Lack: Lack, dessen Bindemittel einen hohen Anteil (60–80 %) an pflanzlichen Ölen enthalten.

Tipps zum Anstreichen von Holzzäunen

Wenn man das Holz für Zäune von der Holzindustrie oder vom Fachhandel kauft, ist es meist schon druckimprägniert, demnach fertig vorbereitet zum Aufbau eines Zaunes.

Will man allerdings durch Anstriche eine Imprägnierung eines unbehandelten Holzes vornehmen, so kann man nur eine volle Wirkung erreichen, wenn das Holz trocken und fachgerecht gelagert wurde.

Bei Zäunen, die Wind und Wetter besonders ausgesetzt sind, sollte man sägeraues Holz verwenden, wenn man es farblich mit einem deckenden Anstrich gestalten will, damit es länger hält. Die sägeraue Oberfläche nimmt mehr vom schützenden Holzanstrich auf und er haftet besser. Holz braucht Luft und muss atmen können – dies ist ja bei Gartenzäunen im Außenbereich gegeben. Vor allem aber in Bodennähe der Pfosten sollte darauf besonders geachtet werden, dass dies so bleibt! Das heißt keinen Kompost oder Ähnliches unmittelbar beim Zaun lagern und Hecken regelmäßig schneiden. Grundsätzlich gilt: Die farblose Grundierung und die farbige Lasur sind der beste Holzschutz!

Bei Wunsch nach deckenden, farbigen Anstrichen sind nach allseitiger Grundierung Ölfarben, Alkydharzlake und Acrylharzlacke zu empfehlen.

Risse sollten jedes Jahr kontrolliert und gegebenenfalls nachbehandelt werden. Wasser, das nicht abrinnen kann, zerstört das Holz innerhalb kürzester Zeit. Rissbildung führt sehr leicht zum Absplittern der Anstriche. Geeignet sind auch die sogenannten Wetterschutzanstriche, wobei man dünnschichtige und dickschichtige unterscheidet.

Es gibt Wetterschutzfarben, die besonders gute Elastizität aufweisen und die in einer entsprechenden Farbenvielfalt zum Kauf angeboten werden. Eine Hilfe zur Farbauswahl bieten z.B. die mit Nummern versehenen RAL-Farbkarten, die auch für Hausanstriche Gültigkeit haben und die Farbabstimmung – Holzzaun zum Haus – erleichtern.

Achten Sie auf die heimische Qualität des Holzes, lassen Sie sich bei Ihren Fachfirmen zuvor noch zusätzlich beraten, besonders in Bezug auf den chemischen Holzschutz. Jedes Produkt hat spezielle Eigenheiten und Vorzüge.

Welche Holzarten eignen sich?

Im Vergleich zu anderen Werk- und Baustoffen benötigt Holz bei seiner Verarbeitung wenig Energie, und die Umweltbelastung ist gering. Eine Vielzahl an

Geräten, mit denen die Bauern früher ihre Arbeiten verrichteten, waren aus Holz hergestellt, sie waren von den Bauern erfunden worden und stehen zum Teil heute noch zur Errichtung traditioneller Zaunformen in praktischer Verwendung.

Die bestimmenden Holzarten, die für den Aufbau von Zäunen herangezogen werden, sind überwiegend Nadelhölzer, wobei gewisse Arten in einzelnen Regionen leicht, in anderen dagegen schwerer erhältlich sind.

An den Zahlen der Baumartenverteilung kann man erkennen, welche Nadelholzarten in Österreich (lt. Waldinventur 2002) dominant sind:
Fichte 53,6 %, Lärche 4,6 %, Tanne 2,3 %, Kiefer 5,6 %

Fichte

Verbreitung: fast in ganz Österreich, Baum des Berglandes, aber auch in tiefen Lagen zu finden

Farbe: hellfarbig

Eigenschaften: weich, elastisch (Zaunringe), gut bearbeitbar, spaltbar und beizbar
Sie wird von der Holzindustrie gerne verwendet, da sie sich leicht imprägnieren lässt. Ungeschütztes Kernholz ist wenig resistent gegen Pilzbefall und empfindlich gegen Feuchtigkeit, besonders im Erdkontakt (Steher, Pfosten, Pfähle, Palisaden).

Lärche

Verbreitung: alpine Regionen, wächst aber auch in tieferen Lagen

Farbe: Kern rötlich, Splint hellgelb, im Alter besonders schöner Silberglanz

Eigenschaften: nur Kernholz verwenden! Mittelhart, leicht zu bearbeiten, dauerhaft in Bezug auf die Resistenz gegen Feuchtigkeit, daher auch mäßige Gefahr von Pilzbefall. Wird von der Holzindustrie gerne verwendet, ein Beweis für die Dauerhaftigkeit und Spaltbarkeit sind die über 50 Jahre und noch älteren

Schindeldächer auf Almhütten und Wirtschaftsgebäuden der Bauernhöfe in den Alpinregionen sowie z. B. die senkrechten Scheunenverschalungen auf den Wetterseiten in den östlichen Bundesländern.

Kiefer/Föhre

Verbreitung: Schwarzkiefer am Alpen-Ostrand, die Weißkiefer oder Föhre weitverbreitet in ganz Europa; wenig Holzangebot für den Zaunbau, außer Koppelzaunbau in Form von Rundhölzern

Farbe: Splint hellgelb, Kern rotbraun, dunkelt nach

Eigenschaften: mäßig hart, grobfaserig, dauerhaft, gut zu bearbeiten, wenig Resistenz gegen Bodenfeuchtigkeit, nur Kernholz verwendbar. Harzt stark!

Die Zirbelkiefer wurde in den Alpen seinerzeit für den traditionellen Zaunbau sehr gerne verwendet, aber da nur mehr selten größere Bestände anzutreffen sind, sollte man dieses edle Holz nicht mehr industriell verwerten.

Tanne

Verbreitung: für den Zaunbau selten eingesetzt

Farbe: grauschimmernd bis rötlich weiß

Eigenschaften: weich, leicht bearbeitbar, gut zu beizen und zu imprägnieren, großer Harzgehalt, geringe Elastizität, wetterbeständig

Weide zum Flechten

Verbreitung: vornehmlich in Feuchtgebieten häufig, in Alpinregionen erschwerter Zugang. Von etwa 30 Weidenarten werden hauptsächlich die Korbweide und die Purpurweide, nicht die Bruchweide, zum Flechten verwendet

Eigenschaften: Wenn die Ruten kurz vor dem Austrieb geschnitten werden, sind sie zäh, biegsam, deshalb für Flechtzäune gut brauchbar, wenn ältere, schon eingetrocknete Ruten verwendet werden, sollten sie zuvor im Wasser eingeweicht werden.

Hölzer für Zaunpfosten

Wenn es auf die Haltbarkeit in Bezug auf den konstruktiven Holzschutz und die Härte des Holzes sowie die Standfestigkeit der Zaunpfosten (Steher) ankommt, wird gerne die **Eiche** verwendet. In den östlichen Regionen Österreichs mit großen Mischwaldgebieten ist sie mit 2 % der gesamten Baumartenverteilung Österreichs angegeben.

Sehr haltbar ist das Holz der **Robinie** (umgangssprachlich fälschlicherweise auch als Akazie bezeichnet) und das sehr feuchtigkeitsbeständige Holz der **Edelkastanie**.

Querschnitt und Struktur eines Baumstammes

Die äußere Rinde, auch Borke genannt, dient zum Schutz des Baumes, während die innere Rinde, „Bast" genannt, die Versorgungsleitung ist, welche die Nahrung zu allen Teilen des Baumes transportiert. In der darunterliegenden

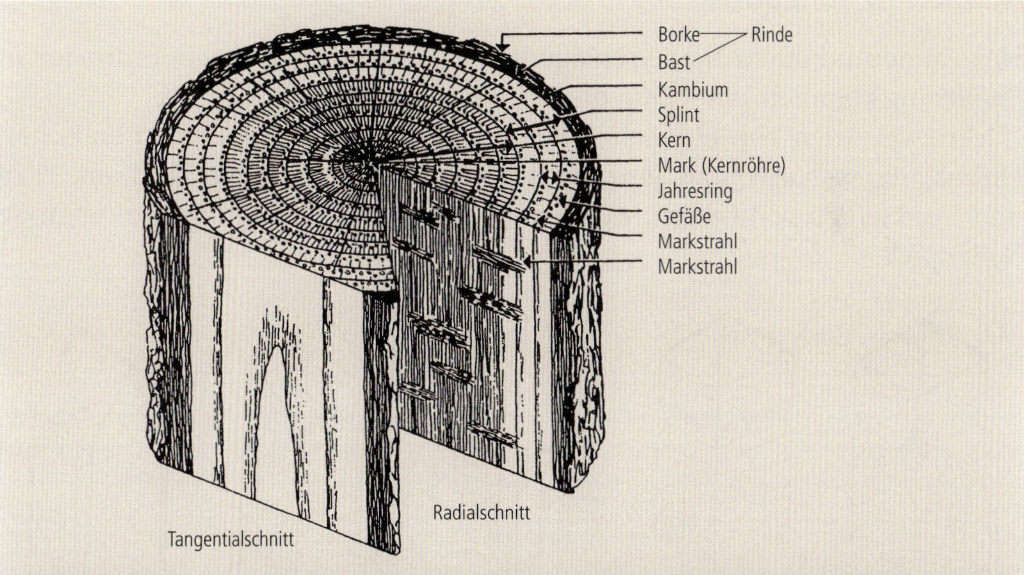

Querschnitt durch einen Baumstamm

Skizze entnommen aus dem Buch „Alte und neue Holzhäuser", G. Schickhofer, L. Stocker Verlag

Zellschichte des „Kambiums" bauen sich Holzzellen nach innen und die Bastzellen nach außen auf und bewirken so das Dickenwachstum.

Im Frühjahr und Sommer werden großvolumige Zellen gebildet, im Herbst dagegen kleinere, wodurch die Jahresringe entstehen.

Splintholz, der hellere, lebendige Teil des Holzes, dient als Wasserleitung und versorgt den Kronenraum des Baumes. Durch das Absterben der inneren Zellen entsteht das dunklere, viel **haltbarere Kernholz**. Dieses ist die zentrale, stützende Säule des Baumstammes.

Die Markstrahlen verbinden die äußeren Bereiche des Stammes mit dem Kern und leiten Nährstoffe und Wasser in waagrechter Richtung zu diesem.

Die günstigste Zeit für die Schlägerung der Bäume ist etwa Anfang November bis Anfang Februar des folgenden Jahres. Das ist die Zeit, in der die Bäume nicht „im Saft stehen"!

Holzschutz für Zäune

Holzzäune sind durch Niederschläge sowie die Teile, die mit dem Erdboden in Berührung kommen, einer Durchfeuchtung ausgesetzt.

Mit zwei Arten von Holzschutz, dem konstruktiven und dem chemischen Holzschutz, versucht man, eine Zerstörung des Holzes durch Flechten, Pilze und Insekten zu verhindern, wobei auch die Auswahl des Holzes eine große Rolle spielt.

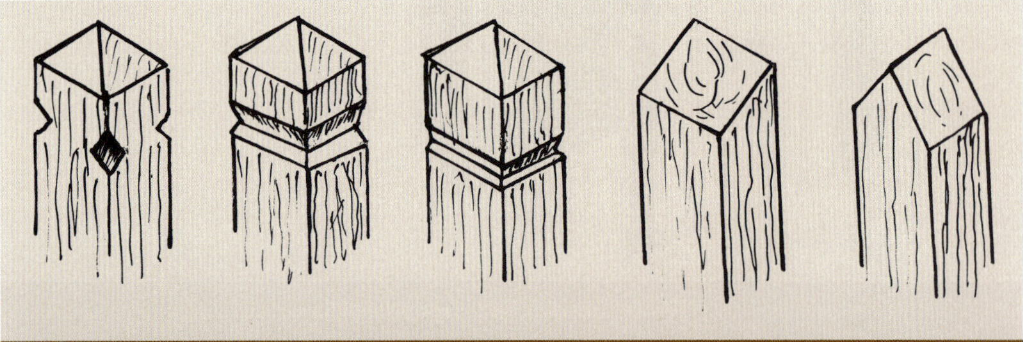

Unterschiedlichste Gestaltung der Steher- und Lattenenden

Konstruktiver Holzschutz

Unter konstruktivem Holzschutz versteht man alle Maßnahmen, die das Eindringen von Feuchtigkeit in das Holz ohne den Einsatz chemischer Hilfsmittel verhindern sowie Feuchtigkeit, Wasser oder Tau von den Zaunteilen ableiten.

- Zaunlatten abschrägen, zuspitzen, abrunden, abfasen und Zierformen anwenden, da Schnittflächen quer zur Holzfaser (Stirnholzflächen) Feuchtigkeit leichter aufnehmen. Auch das untere Ende der Latten sollte mindestens 5 cm vom Erdboden entfernt gehalten werden, auch damit man darunter herausmähen kann.

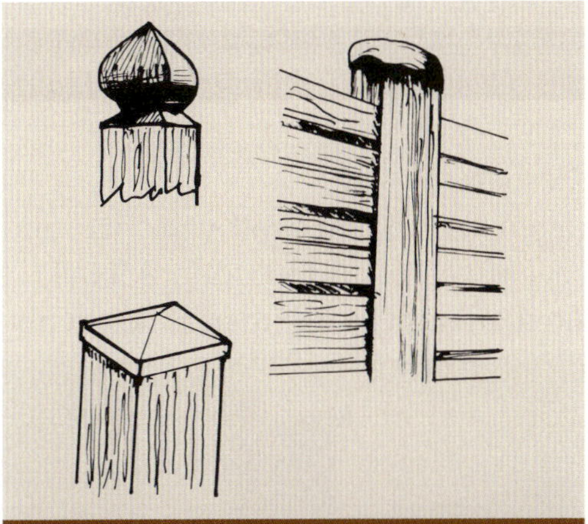

Pfosteabdeckungen

Die Pfostenabdeckung schützt das Hirnholz

Eine ungewöhnliche Pfostenabdeckung

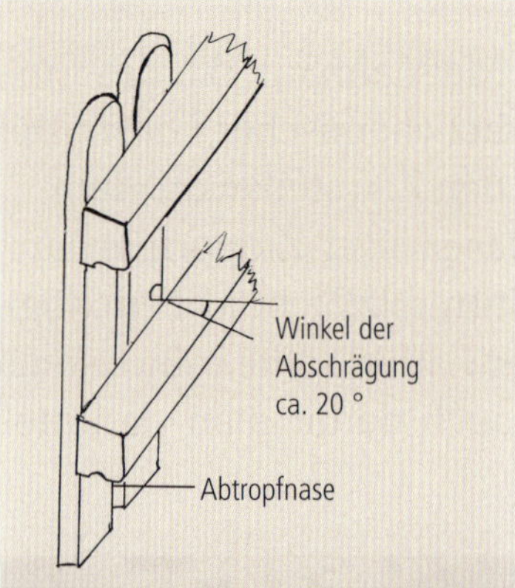

Abgeschrägter Riegel mit Wasserabtropfnase

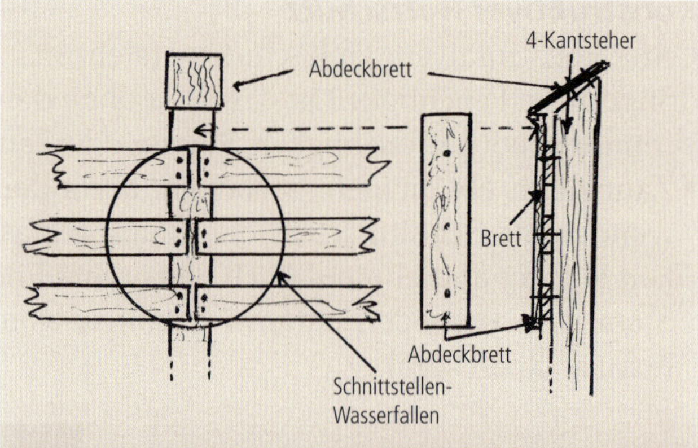

Konstruktiver Holzschutz an den Befestigungsstellen

- Steher nicht in die Erde, sondern in ein Kiesbett setzen.
- Steher (Pfosten) oben abrunden, abschrägen, mit einem Brett versehen und Pfostenkappen oder Zierkugeln aufsetzen, entweder aus Holz oder Metall.
- Querhölzer (Riegel) aus Kanthölzern sollten an der Oberseite auch leicht abgeschrägt sein und an der Unterkante eine Abtropfnase aufweisen.
- Verwendet man Rundhölzer als Riegel, so ist das rasche Abfließen des Wassers gewährleistet. Ob Riegel aus Rundhölzern beim Lattenzaun schön sind, ist eine Frage des Geschmackes.
- Manche Rundhölzer weisen auch Risse auf, die dann zu einer Wasserfalle werden. Auch im Kontaktbereich von Querriegel und Steher (Zaunhalter), wo sich Wasser halten kann, ist durch Distanzscheiben Abhilfe möglich.
- Die größte Gefahr für Holzbauteile im direkten Kontakt mit der Erde

Betonfundament mit Pfostenlasche

sind holzzerstörende Pilze und Moderfäule wie bei in den Boden gerammten Stehern.

Fachhandel und Metallindustrie bieten hier eine Reihe von Hilfsmaterialien für konstruktiven Holzschutz an.

Anders als beim jüngeren Blockhausbau, bei dem man die Außenflächen vor UV-Strahlung und der damit verbundenen Vergrauung schützen will, erhalten die naturbelassenen, ungeschützten Teile beim Holzzaun, wie schon vorerwähnt, mit den Jahren einen silbergrauen Farbton, der zum Grün das Gartens oft willkommen ist. Man denke hier nur an die wunderschönen, so noch vorhandenen Schindeldächer oder Scheunenwände, die in der Farbharmonie besonders gut zur Kulturlandschaft passen.

Chemischer Holzschutz

Ohne auf zu detaillierte Verfahren des chemischen Holzschutzes der Holzindustrie einzugehen, sollte man in Bezug auf die Eindringtiefe der Holzschutzmittel in naturbelassenes Holz folgende Wirkung beachten:

- Der Oberflächenschutz durch Streichen, Spritzen oder Kurztauchen bewirkt eine Eindringtiefe von etwa 1 mm
- Der Randschutz von wenigen mm Eindringtiefe wird durch ein Trogtauchverfahren (Langzeittauchen) erreicht, wird aber kaum angewandt!
- Beim Kesseldruckverfahren werden die Hölzer in einem geschlossenen Kreislauf imprägniert, wobei durch die Fixierung eine Auswaschung durch Feuchtigkeit vermieden werden kann.

Bei diesem Verfahren wird der ganze imprägnierbare Bereich des Holzes mit bioziden Substanzen behandelt. Bei Kiefernholz wird das gesamte Splintholz imprägniert, bei der Fichte beschränkt sich der Schutz auf wenige mm! Kesseldruckimprägniertes Holz zu verwenden, hat allerdings dann einen Nachteil, wenn eine Nachbearbeitung erfolgt, z. B. bei Überblattungen und bei sonstiger Bearbeitung, bei der Schnittflächen entstehen, die tief in das Holz reichen und der Witterung, also der Feuchtigkeit, ausgesetzt sind.

Biozide
Biozide sind chemische Produkte, die zur Vernichtung sowohl pflanzlichen Lebens, Fäulnis, als auch tierischen Lebens im Holz herangezogen werden, zwischen Nützlingen und Schädlingen aber keinen Unterschied machen. Eine schädigende Wirkung für den Menschen, wie sie bei der Verwendung in Innenräumen entstehen kann, ist nicht gegeben, da die Zäune ja im Freien stehen.

Tipp
Eine überlegenswerte Tatsache beim Streichen des Zaunes mit einer gewünschten Farbe ist, dass das Holz mit der Zeit immer wieder gestrichen werden muss, die Lebensdauer aber dadurch nicht nennenswert verlängert wird. Kostensparender, umweltverträglicher und arbeitszeitsparender ist es, einen Zaun nicht zu streichen (siehe auch Kapitel „Lebensdauer von Zäunen"). Besser, man verwendet naturbelassenes, gegen Nässe widerstandsfähiges Holz für den Gemüse- und Kräutergarten, gehobelt für den Blumen-Ziergarten und Wellness-Bereich sowie den Vorgarten. Bei Weide-, Alm- und Feldzäunen ist ein Anstrich unüblich und würde seltsam wirken.

Oft angebotene ausgediente Eisenbahnschwellen, die sich zwar niemals für den Zaunbau eignen, aber in Gärten gerne z. B. für Stiegen verwendet werden, werden wegen ihrer langjährigen Verwendbarkeit sehr gepriesen, mit wie viel giftigen Stoffen sie aber getränkt (imprägniert) sind, steht auf einem anderen Blatt.

Eine allenfalls angewandte Dünnschichtlasur lässt das Holz offenporig. Aufgrund der Imprägnierung ist ein zusätzlicher Holzschutzanstrich dann überflüssig.

Man bedenke: Unbehandeltes Holz ist zu 100 % abbaubar, mit chemischen Holzschutzmitteln behandeltes Holz ist früher oder später Sondermüll!

Tipps zum Setzen von Zaunpfosten (Steher)

Die Grundvoraussetzung für die Standfestigkeit jedes Holzzaunes ist die sichere Verankerung und Befestigung der Zaunpfosten im Boden oder am Fundament, an die dann die Zaunfelder angebracht werden. Diese Stabilität ist stark abhängig von der Höhe und der Gestaltung der Zaunelemente, seien es Gartenzäune oder Sicht-, Lärm- und Windschutzelemente, da sie vor allem dem Winddruck standhalten müssen. Weiters ist die Zusammensetzung des Bodens wichtig, die geologischen Verhältnisse des Untergrundes: herrscht lockeres Erdreich, Schotter, große Steine, Lehm und Mergel oder durchfeuchteter Wiesengrund vor? Vielleicht wurde der Boden im Zuge eines Neubaues auch erst vor kurzem aufgeschüttet und benötigt daher einige Jahre, bis er sich wieder kompakt setzen kann.

Je nach Bodenverhältnissen gibt es mehrere Arten der Stabilisierung der Pfosten bzw. Steher. Die folgenden Tipps gelten für alle gängigen Zaunarten:

1. Das direkte Rammen des Pfostens in den Boden
2. Verwendung von Bodenhülsen diverser Ausführungsarten
3. Eine Grube ausheben, mit Beton ausfüllen und bei nicht abgebundenem Beton die Bodenhülsen bzw. den Pfostenanker einsetzen
4. Befestigung mittels Standfüßen, oder Pfostenlaschen zum Aufschrauben auf durchgehenden Betonfundamenten (Mauern)
5. Punktfundamente aus Beton setzen, weitere Vorgangsweise wie unter Pkt. 4

1 Richtschnur ziehen
2 Abstand messen und Position anmerken = x
3 Einschlaghülse bei Position x einschlagen
4 Pfosten in Hülse festschrauben
5 Mit Wasserwaage senkrechten Stand der Pfosten in der Hülse und Flucht nach der Richtschnur überprüfen

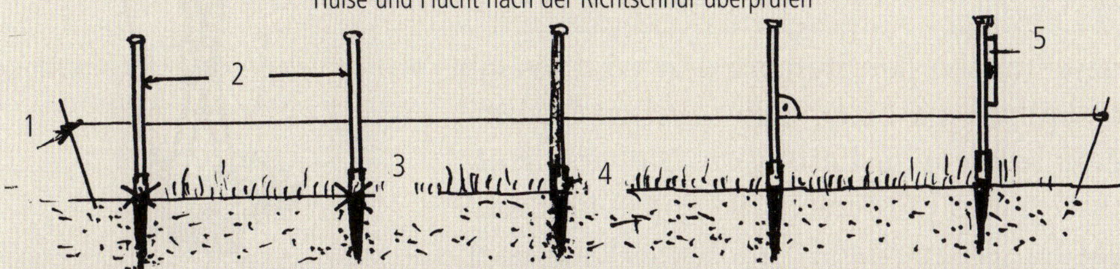

Pfosten setzen

Vorbereitung für das Setzen von Pfosten

- Markieren und Abstandsmessung der zukünftigen Standorte der Pfosten.
- Eventuell den Grenzverlauf mit dem Nachbarn klären.
- Ziehen einer Schnur von Pfostenstandort 1 bis zum letzten gewünschten Standort.
- Unter Umständen vorsichtshalber Vorbohren der Pfostenlöcher, um die Bodenzusammensetzung grob zu analysieren, etwa, ob nicht größere Steine und Platten im Weg sind.

Einsetzen der Pfosten

Zum Einrammen empfehlen sich runde Steher, denn beim Einrammen verdrehen sie sich gerne, daher bei Kantholzstehern eher Bodenhülsen oder Pfostenträger in Anwendung bringen. Danach gehen Sie wie folgt vor:

- Einrammen der Pfosten entlang der gezogenen Schnur (Bodenfeuchtigkeit beachten → Holzschutz, deshalb Hülsen besser).
- Einschlagen der Bodenhülse, bevor der Pfosten in der Hülse befestigt wird. Die Hülse wird mittels einer Einschlaghilfe oder zwischengelegtem Holz mit einem Vorschlaghammer in den Boden getrieben. Die Hülsen weisen üblicherweise vier zu einem Spitz zulaufende Kanten auf, so dass die Passgenauigkeit des Vierkantstehers gewährleistet ist. In der Hülse sind Öffnungen vorgesehen, durch die mittels Holzschrauben der Steher fixiert wird. Es gibt auch Hülsen mit einem beweglichen Oberteil, der zur besseren Justierung des Stehers dient. Einsetzen des Pfostens in die Hülse und Kontrolle der senkrechten Position mit der Wasserwaage, weiters der Übereinstimmung mit der Schnur und den Pfostenabstand.

„Handbagger"

- Einbau in die Fundamente: Ausheben des Erdreiches in genügender Tiefe (ca. 80 cm), Ausfüllen der Grube mit Beton (Punktfundament), bei noch nicht abgebundenem Beton Einsetzen der Pfostenträger. Nicht vergessen, den senkrechten Stand der Pfosten in der Flucht mit der Wasserwaage immer wieder zu kontrollieren.
- Das Ausheben des Erdreiches kann auch mit einem Handbagger (zwei Schaufeln, die zueinander stehen) oder mit einem Erdbohrgerät erfolgen. Als sehr günstig erweist sich das Einsetzen eines Kunststoff- oder Betonrohres als Schalung, das anschließend mit Beton ausgegossen wird. Ist der Beton ausgehärtet, werden die verschiedenen Bodenanker aufgeschraubt.

Warum Vorbohren von Schrauben- und Nageleinschlaglöchern?

Beim direkten Einschlagen eines Nagels ins Holz, welches bei Zäunen direkten Witterungseinflüssen ausgesetzt ist, wird das Holz an dieser Stelle schadhaft, weil es um den Nagel zerrissen wird. Holz und Metall haben ein unterschiedliches Wärmeverhalten, und da sich das Metall mehr ausdehnt, wird das Loch größer und führt zur Schädigung des Holzes. Diese Schädigung macht sich durch einen dunklen Fleck rund um die Einschlagstelle – Bohrstelle – bemerkbar.

Tipp

Wenn man aber die gewünschte Einschlagstelle zuerst mit einem Bohrer von geringerem Durchmesser als die Stärke des Nagels ist, leicht anbohrt, reißt das Holz an dieser Stelle nicht ein und hinterlässt keine Rissspuren. Es gibt spezielle Dübelbohrer oder, noch besser, Schrauben mit Bohrspitze und Fräslippen zum optimalen Versenken des Schraubenkopfes.

Bei geschraubten Holzverbindungen ist die Zerstörung des Umfeldes etwas geringer.

Für Heimwerker ist das leichte Anbohren wohl mehr Zeitaufwand, aber weniger hässliche Flecken, z. B. auf den Latten oder Stehern, sind das Resultat. Natürlich haben die dunklen Flecken nichts mit Rost zu tun, da man ja ausschließlich mit nichtrostendem Metall bei diesen Holzverbindungen arbeiten muss.

Zaunrundung am Beispiel eines Lattenzaunes

Ist ein Zaun um eine Rundung zu führen, empfiehlt es sich, den Bogen (Kreis) in einzelne Segmente aufzuteilen, z. B. wie auf der Skizze in 6 Segmente.

Die zum Kreismittelpunkt zeigenden Flächen der Vierkantsteher müssen zur Sehne immer in einem rechten Winkel stehen. Der Abstand von Steher zu Steher, angenommen 2,50 m, weist dann einen Segmentwinkel von 20° auf.

Muss die Rundung enger oder weiter sein, ändern sich naturgemäß auch die Abschrägungen der Riegel.

Lamellenteile um die Rundung zu biegen, erfordert einen nicht zu rechtfertigenden Arbeitsaufwand, da diese Teile leicht brechen können.

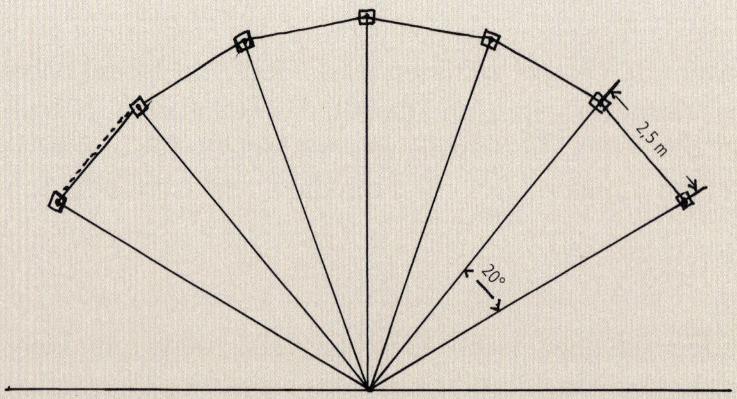

Beispiel einer Zaunrundung, aufgeteilt in 6 Segmente
Die Steher müssen jeweils zum Kreismittelpunkt ausgerichtet werden.

Radius 7 m, Steherabstand 2,50 m

Winkel je 20°! Nötige Abschrägung der Riegel beidseitig je 10°

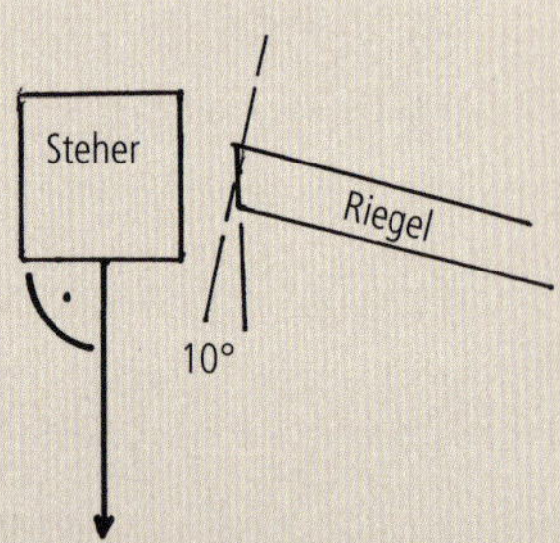

Planen einer Zaunrundung

Zaunrundungen müssen genau ausgemessen werden

Der Lattenzaun im abfallenden Gelände

Die Frage getreppt oder dem Verlauf des Geländes angepasst tritt für den Zaunmacher immer wieder auf! Der Zaun, getreppt, ist nur dann von Vorteil,

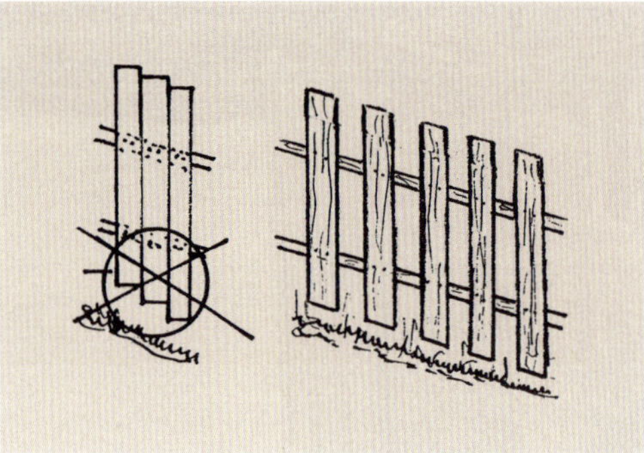

wenn es sich z. B. in einem Garten um Terrassenbeete handelt, die einer Begrenzung mit einem waagrechten Zaun bedürfen. Ansonsten empfiehlt es sich, den Zaun mit gleich langen Latten dem Gelände anzupassen, wobei auch die unteren Lattenenden parallel zum Boden abgeschrägt werden können.

Übersicht der Zaunarten

Lattenzäune in verschiedenen Ausformungen
Stakettenzäune mit Halbrundlatten
Stangenzäune mit Habstecken und Zaunringen (Stangenhag als Lattenzaun)
Bänderzäune mit waagrechten Stangen oder schräg lagernden Stangen, zusammengehalten von Zaunringen.
Hanichelzaun (Stempelzaun) Rundlinge anstatt Latten
Jägerzaun (Scherengitterzaun)
Spitzzaun zugespitzte Bretter meist nur mit einem oberen Riegel, alpine Art
Flechtzäune senkrecht oder waagrecht geflochten
Schilfzaun
Bretterzäune senkrecht stehend (Planken) oder quer liegend

Traditioneller Pinzgauer Zaun im Innsbrucker Alpenzoo

Bänderzaun (Innsbrucker Alpenzoo)

Flechtzaun (Innsbrucker Alpenzoo)

Schwartlingzaun
Lamellenzaun aus dünnen Brettern geflochten
Koppelzaun mit einem Querriegel am Steher aufliegend oder angenagelt
mit Rundstehern 3-fach durchbohrt – Rundholzstangen
Palisadenzaun
Wind-, Lärm-, Sichtschutz-Zaunelemente

Lattenzaun

Der Lattenzaun ist der Klassiker unter den vielgestaltigen Zaunformen in unserer Kulturlandschaft, vor allem in seinem Erscheinungsbild für den Gartenbereich. Im Unterbewusstsein signalisiert er durch seine senkrecht stehenden Latten: Hier ist eine „Grenze". Der Zaun umgibt den Besitz, Haus, Hof und Garten, den Vorgarten, allenfalls, wenn es die räumlichen Verhältnisse zulassen, eine Wiese mit einem Kinderspielplatz, im Idealfall auch einen Schwimmteich oder ein kleines Schwimmbad. In der letzten Zeit haben sich auch andere Arten von Abgrenzungen aus Holz, die Lärm-, Sicht- und Schutzzaunelemente, dazugesellt und so die Umzäunung „rund ums Haus"vervollständigt.

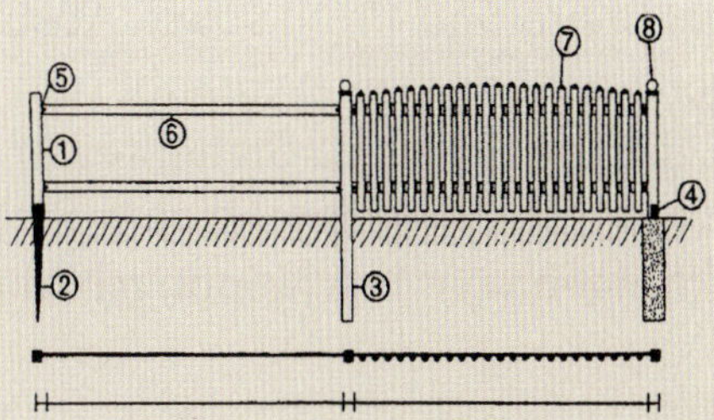

Lattenzaun-Zaunmontage zwischen Vierkantstehern

1 Vierkantsteher 95/9/9
2 Bodenhülse zum Einschlagen
3 Vierkantsteher 185/9/9 eingraben
nicht empfehlenswert siehe Holzschutzkapitel
4 Mauerlasche 9 cm mit T-Profil einbetoniert
5 Schraublasche-Zaunhalter
6 Riegel vor Aufschrauben der Latten
7 Beispiel eines Zaunfeldes nach oben geschwungen
8 Zierkugel mit Brettchen für Steher 9 x 9 cm

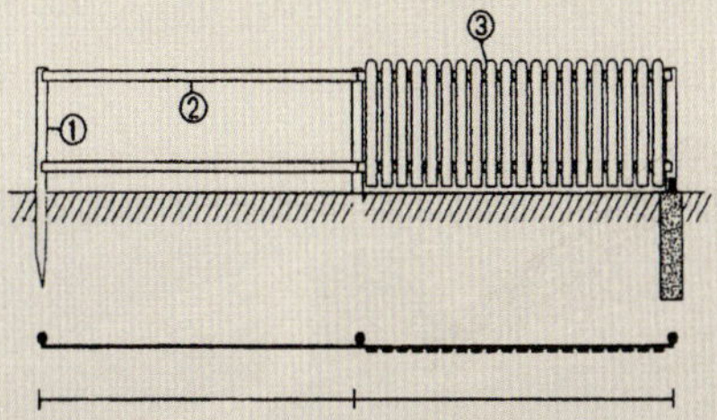

Lattenzaun-Zaunmontage auf Rundstehern

1 Rundsteher ca. 70 cm tief einschlagen – Holzschutz!
2 Riegelbrett oder Querriegel
3 Zaunlatten halbbreit zum Aufschrauben auf Querriegel

Links eingeschlagener Rundsteher, rechts befestigt mit Mauerlasche auf Punktfundament aus Beton

Tipps zur Zaunmontage – Lattenzaun

Der Lattenzaun setzt sich trotz der vielgestaltigen Ausformungen grundsätzlich aus folgenden Elementen zusammen:

- Die Steher/Pfosten oder auch Zaunsäulen aus Holz sind mit ihrer Verankerung im Boden die tragenden Säulen für die Standfestigkeit des Zaunes. Manch ein Lattenzaun weist anstelle von Zaunsäulen auch gemauerte Pfeiler auf.
- Die Riegel oder Querhölzer sind die Verbindungselemente zwischen den Stehern und werden vornehmlich mit Metallwinkeln (Zaunhalter) an diesen befestigt. Wenn es sich um gemauerte Pfeiler handelt, seien sie aus Bruchsteinen oder Zement ausgeführt, werden die Riegel mit Winkeln angedübelt.
- Der Abstand zwischen dem oberen und unteren Riegel sollte bei einer Lattenhöhe von 100 cm etwa 50 cm betragen und das untere Lattenende etwa 5 cm vom Boden entfernt sein. Die Verhältnismaße Lattenhöhe zu Abstand zwischen den Riegeln sind bei den Zaunherstellern je nach angebotenen Mustern sehr verschieden. Man muss dabei immer auf die richtige Proportion achten!

- Die Latten, ganz unterschiedlich in Länge, Breite und Profil sowie Abstand voneinander, werden an den Riegeln angenagelt oder angeschraubt und ergeben dann als Ganzes die „Verkleidung", die von Steher zu Steher reicht.
- Die Verkleidung des Zaunes einschließlich der Steher bietet für den Heimwerker dann die Möglichkeit, seine Vorstellungen vom Erscheinungsbild des Zaunes kreativ umzusetzen.

Einzelne Lattenformen, in auffallendem Zierschnitt oder schräg liegend, sollten eher den Balkonbrüstungen vorbehalten bleiben.

Traditioneller Lattenzaun

Lattenzaun als Vorgartenbegrenzung

Leichte, luftige Zaunvariante

Hier stimmen die Proportionen von Haus und Zaun überein

Sehr breite Latten in eigenwilliger Ausformung

Sehr breite Latten in abgerundeter Ausformung

Diese Zaunkombination ergibt ein sehr unruhiges Bild

Auch zwischen Mauersäulen passt ein Lattenzaun

Montage

- Den gewünschten Standort des Stehers am Boden markieren und dort anschließend einrammen.
  Weitaus besser, im Sinne des konstruktiven Holzschutzes, ist es allerdings, sich der Einschlagbodenhülsen zu bedienen. Sollte ein Fundament notwendig sein, wird man den Steher mit einer aufschraubbaren Bodenlasche fixieren.
- Riegel mit Winkeln oder Zaunhalter am Steher anschrauben. Eventuell eine Schnur spannen, damit überall die gleiche Höhe erreicht wird.
- Latten am oberen und unteren Riegel anschrauben.
- An Nässeschutz denken, daher Hirnholz an den Stehern oben abdecken (siehe Kapitel „Holzschutz für Zäune").

Steckzaun für Gartenbeete

Die gebräuchlichsten Maße sind:
Steher: 9 x 9 cm, 11 x 11 cm, Abstand zwischen den Stehern 2 m bis 2,50 m.
Riegel: Abstand zwischen den Riegeln ca. 50 % der Lattenhöhe oder mindestens gut 10 cm von oben und 10 cm von unten, Lattenende vom Boden ca. 5 cm.

Tipp
Die Montage der Latten auf den Riegeln ist leichter, wenn man letztere auf den Boden legt und dann die Latten im gewünschten Abstand anbringt. Hat man dann die Verkleidung fertig, stellt man diese auf und befestigt sie mittels der Zaunhalter (Winkel) an den Stehern. Bei Mauerwerk muß der Winkel angedübelt werden. Für diese Arbeit ist es vorteilhaft, sich eines Helfers zu bedienen. Die Verkleidung ist immer so anzubringen, dass die Riegel nach innen, zur Gartenseite, und die Latten zur Straßenseite weisen.

Staketenzaun

Unter „Staketen" werden halbrunde Hölzer oder Stäbchen verstanden. Das Erscheinungsbild ist ähnlich dem Lattenzaun, nur etwas rustikaler, und eignet sich mehr für die Umzäunung von Gemüse- und Gewürzkräutergärten sowie als Trennung zum Nachbargrundstück, weniger als Vorgartenzaun.

Montage
Anstelle der Latten werden oben meist zugespitzte Staketen an die Querriegel genagelt. Die Herstellung ist relativ einfach. Wenn man sein Gemüse vor tierischen Interessenten, wie Hasen und Federvieh etc., fernhalten will, sollte der Abstand zwischen den Stäbchen gering gehalten werden und ein Durchschlüpfen schwierig machen. Die Staketen sollten daher auch den Erdboden fast berühren. Werden Lärchensteher und Lärchenrundhölzer verwendet, kann man die Steher auch ohne Einschlaghülsen direkt in den Boden rammen und erst anschließend die Verkleidung anbringen.

Moderner Staketenzaun

Imprägnierte Staketen halten länger

Die Zaunhöhe kann sehr variabel sein

Ergibt eine passende Abgrenzung, z.B. oberhalb eines Steinwurfes

Stangenhag und Stangenzaun mit Halbrundlatten

Diese Zaunart findet hauptsächlich für die Begrenzung von Wegen, als Zugang zu Rinder- und Pferdeställen im Hofbereich Verwendung und ist auf Grund ihrer einfachen Montage weit verbreitet.

Stangenzaun mit Habstecken und Zaunring

Montage

Der Zaun besteht aus Rundstehern (Pfosten, Zaunsäulen) mit ca. 7–9 cm Ø und 140 bis 150 cm Höhe mit 3–4 kleinen Bohrlöchern untereinander, in die Zaunnägel (Hartholz) geschlagen werden. Auf diese Zaunnägel werden dann die 3–4 m langen Stangen, auch Wipfelstangen, je nach Pfostenabstand gelegt. Damit die Stangen nicht von den Nägeln herabfallen, wird senkrecht parallel zum Pfosten ein Rundling, Stecken oder Girschte in den Boden gerammt, auch „Habstecken" genannt, der die aufgelegten Stangen zum Pfosten „habt" (hält). Über den Pfosten und die Habstangen wird dann ein Zaunring gelegt, um die Habstecken zu fixieren und damit der Zaun stabiler wird. Die Herstellung der Zaunringe wird in einem eigenen Kapitel gesondert erklärt.

Der Zaun eignet sich nicht für den Siedlungserweiterungsbereich, für die zunehmende Pferdezucht bei größeren Bauernhöfen aber zur Not als Koppelzaun, siehe „Echter Koppelzaun aus Rundstangen".

Rustikale, grob behauene Stangen

Wie würde dieses Bild mit einem Stacheldrahtzaun aussehen?

Stangenhag als Lattenzaun

Aus der oben genannten Art von Stangenzaun entwickelte sich schließlich eine abgeänderte Art von Lattenzaun mit Halbrundlatten, der als Gartenzaun einen eher rustikalen Eindruck macht, aber das Gesamtbild ist sehr erfreulich.

Auf 2 Rundholzstangen – Querhölzern wie beim Lattenzaun – nagelt man die Halbrundlatten mit abgekegelter Spitze. Allerdings lagern die Querrundhölzer nicht mehr auf den eingeschlagenen Zaunnägeln, sondern diese werden in 2 Bohrlöcher mit dem entsprechenden Durchmesser eingeschoben, natürlich bevor die Latten angenagelt wurden. Diese Zaunart mit verschiedener Anwendung von Rundhölzern kann im Sinne des konstruktiven Holzschutzes nur begrüßt werden.

Bänderzaun („Wid'n", auch Schusszaun)

In den holzreichen Regionen der Steiermark, speziell im Gebiet der Teichalm, ist eine Zaunlandschaft entstanden, die durch die Regionalförderung der EU die Herstellung von Hauszäunen um Zweitwohnungs- und bäuerlichen Besitz wieder belebt hat.

Montage

Zwei Steher (Spelten) werden parallel in den Boden gerammt, und über diese werden Zaunringe („Wid'n") in einer Achterschleife verlegt. Letztere werden an Ort und Stelle hergestellt, indem man junge Fichtenäste über Feuer geschmeidig macht und diese dann sofort in einer Schleife um die Steher windet. Die genaue Herstellung siehe Kapitel „Zaunringe". Auf diese 4–5 Zaunringe werden dann Stangen (Wipfelstangen, Stecken oder Schwartlinge) schräg oder waagrecht, wie im Bild ersichtlich, von Steher zu Steher verlegt. Die Steher befinden sich maximal 2–3 m voneinander entfernt, und dadurch erhält der Zaun eine erstaunliche Stabilität.

Allerdings ist er im Aussehen sehr rustikal, und man muss beachten, welche Art von Zäunen im Umfeld sonst üblich ist. Der Zaun eignet sich bedingt als Gartenzaun, aber als Umzäunung für ein größeres Grundstück, gerade im Teichalmgebiet, trägt er sehr viel für die Eigenheit dieser Zaunlandschaft bei. Im Gegensatz zu oft skurrilen Angeboten von gewerblichen Zaunherstellern sollte man sensibler und sorgfältiger die Auswahl treffen, ob der Zaun in die Gegend passt.

Mit Ausnahme des Einrammens der Spelten oder Rundlinge in den gewachsenen Boden sowie des Bähens der Zaunringe und Legen der Wipfelstangen über die Zaunringe ist bei diesem Zaun kein Nagel nötig, die Waldbauern können dazu auch das fast wertlose Schwachholz nutzbringend verwenden, und der Wald wird für nachwachsenden Jungwald gelichtet. Mit schräg liegenden Stangen nennt man den Zaun übrigens auch „Schusszaun".

Bänderzaun mit Wid'n

Diese Zäune passen auch zu einem neuen Haus

Ist der Zaun relativ hoch und dicht, so darf aus optischen Gründen das eingezäunte Grundstück nicht zu klein sein. Schusszaun mit Zaunringen

Hanichlzaun (Stempelzaun)

Der Hanichlzaun ist ähnlich dem Lattenzaun aufgebaut, nur sind anstelle der Latten kurze, etwa 1 m lange, junge, naturbelassene Fichtenstämmchen (Hanichl) an 2 Riegeln senkrecht mit nur kleinen Abständen nebeneinander angenagelt. Das obere Ende der Stämmchen wird zugespitzt, dies lässt den Zaun sehr natürlich erscheinen als Zaun für das Gemüsegartl, ohne Sockel wirkt er auch wesentlich belebter.

Montage

Die Riegel (Querhölzer), etwa 2–3 m lang, sind mit den Stehern verbunden, und diese werden üblicherweise in den Boden gerammt, an den Holzschutz wird kaum gedacht. Die Verkleidung reicht nach unten bis zum Boden und ist ein idealer Schutz vor „tierischen Interessenten" an Gemüse und Kräutern, besonders, wenn die Stämmchen sehr eng angenagelt sind und somit ein Durchschlüpfen verhindern.

Der Hanichlzaun ist ein sehr einfacher Zaun in seinem Erscheinungsbild, er passt aber nicht als Vorgartenzaun. Die Materialbeschaffung dürfte in waldreichen Regionen für Heimwerker kaum Schwierigkeiten bereiten, und der Aufbau ist einfach und problemlos.

Scherengitterzaun (Jägerzaun)

Dabei handelt es sich um eine Zaunart, die schon lange Zeit in Österreich im reichen Maße anzutreffen ist und allgemein als „Pongauer Jägerzaun" bezeichnet wird. Im Hinblick auf die Ästhetik wirkt er etwas rustikal und passt als Gartenzaun

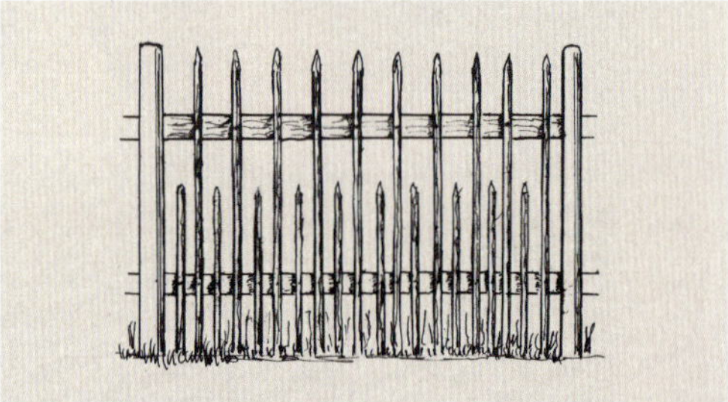

Gartenidylle

Der Hanichlzaun passt gut für kleine Gärten

Die Errichtung eines Hanichlzaunes verlangt viel Handarbeit

Bei größeren Zaunlängen sollte der Abstand zwischen den einzelnen „Hanichln“ weiter sein

nicht zu jedem Haus, vor allem nicht zur Abgrenzung von Kinderspielplätzen innerhalb eines Gartens. **Achtung:** Wenn Kinder versuchen, diesen Zaun zu übersteigen, könnten sie sich trotz abgekegelter Spitzen leicht verletzen.

Montage

Der Zaun besteht aus kreuzweise in der Mitte genagelten, halbrunden, am oberen Ende abgekegelten, druckimprägnierten Latten und lässt sich in Art eines Scherengitters auseinanderklappen bzw. -ziehen und wird zusammengeklappt geliefert.

„Jägerzaun" in heller Ausführung

Montagetipp

Zwei Rundsteher werden im Abstand von 2,50 m in den Boden gerammt und oben wie unten mit

Scherengitterzaun auf einer Mauer aufmontiert

Querriegeln verbunden. Auf diese wird nun das Scherengitter auf die gewünschte Höhe gezogen, am ersten Steher gerade geschnitten und fixiert. Die Zaunhöhe hängt davon ab, wie weit die Schere auseinandergezogen wird, da sich beim Auseinanderziehen die Höhe verändert, und zwar: je weiter, desto niedriger

„Jägerzaun" in dunkler Ausführung

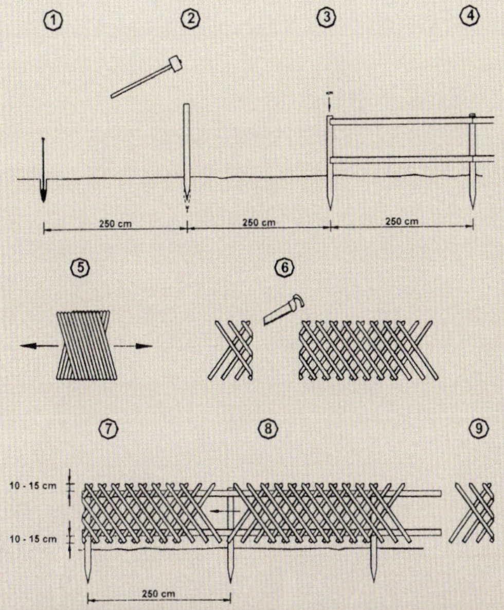

Zaunmontage mit Rundstehern – System Jägerzaun

1 Loch vorbohren
2 Rundsteher einschlagen
3 Mit Pfostenkappe abdecken 10 cm Ø für Steher
4 Querriegel befestigen
5 Lieferzustand Scherengitter
6 Erstes Feld auf gewünschte Höhe ziehen, fixieren und eine Seite gerade schneiden
7 Zaunfeld auf Riegeln befestigen
8 Mit weiteren Zaunfeldern verlängern
9 Anschnitt vom ersten Feld (6 bildet den Abschluß)

Die Zaunhöhe bezieht sich auf die Höhe der Steher

Zaunhöhe	nötige Steherlänge
60 cm	125 cm
80 cm	150 cm
100 cm	170 cm
120 cm	200 cm

Tipps zur Zaunmontage – Jägerzaun

wird die Zaunhöhe. Um ein weiteres Zaunfeld anzuschließen, muss nur mehr das zweite Zaunfeld an das Ende des ersten angeschlossen werden. Natürlich können die Rundsteher im Sinne des konstruktiven Holzschutzes mit einer Bodenhülse eingeschlagen werden. Die Steher sollten oben mit einer Pfostenkappe versehen werden.

Spitzzaun

Eine alte Holzzaunart, meist bestehend aus Fichten- oder Lärchenbrettern und Stehern, üblicherweise nicht höher als 1,30 m. Man findet diese Umzäunung vielfach noch bei alten Bauernhäusern als Vorgartenumzäunung für Gemüse- und Kräuterbeete in einer Breite von nicht mehr als 3–4 m vom Haus entfernt.

Den „Spitzen" des Gebirgsstockes angepasst

Montage

Die Steher – Rundhölzer – werden in den Boden eingerammt, die Querhölzer bestehen auch aus Rundhölzern und werden an den Stehern angenagelt. Die senkrecht angeordneten Bretter meist verschiedener Breite und Stärke werden ebenso in den Boden gerammt, anschließend an die Querhölzer genagelt und am oberen Ende zugespitzt. Oft findet man bei diesen Zäunen nur ein Querholz, da durch die in den Boden gerammten Bretter im gewachsenen Boden genügend Halt geboten ist. Handelt es sich um einen Vorgartenzaun, befindet sich beim Hauseingang meist ein Extratürl (siehe „Zauntürln"), zum Garten auch aus zugespitzten Brettern.

Spitzzauntürl (Südtirol)

Zur Zaunkultur

In diesem bäuerlichen Vorgartl baut man heute seltener Gemüse an, sondern eher einen sehr farbenprächtigen Blumenbesatz, z. B. langstielige Blumen, wie etwa Sonnenblumen.

Der Zaun ist ohne großes Bastlertalent und allzu großen Zeitaufwand herstellbar. Das große Problem ist nur, alte Lärchenbretter zu finden, die der Bodenfeuchtigkeit besser widerstehen. Außerdem kann man sie nachschlagen und frisch annageln oder durch neue ersetzen.

Ein solcher Zaun bei einem Zweitwohnsitz kann zu einem viel beachteten Idyll werden, im Gegensatz zu einer einzelstehenden Blautanne oder dichten Ligusterhecke, hinter der sich das Haus versteckt.

Zwei unterschiedliche Flechtzäune traditioneller Art

Flechtzaun – traditionelle Art (Alpin)

Flechtzaun mit waagrechten Ästen (Ruten)

Diese Art von Flechtzäunen ist leider nur mehr an ganz wenigen Stellen in westlichen Teilen Österreichs und in Südtirol vorzufinden, obwohl diese Zaunart in ältesten Überlieferungen, etwa auf alten Stichen von Dürer, Holzschnitten von Lobisser, und in altem Schrifttum immer wieder zu sehen ist. Seinerzeit wurde er auch für Gärten hergestellt, nicht nur als Weidezaun zur Abgrenzung von Wiesen.

Da der Zaun mit so genannten Gerten, das sind Weidenäste oder seltener Äste von Fichten, geflochten wurde, besteht eine sprachliche Verwandtschaft mit dem Wort Garten, ein Teil eines Besitzes wurde „eingegertet".

Montage

Der Aufbau des Flechtzaunes ist sehr zeit- und materialaufwendig und setzt auch eine spezielle Kenntnis des Flechtvorganges voraus. Rundhölzer oder Spelten werden dicht hintereinander in den Boden gerammt. Im oberen Teil des Zaunes wird eine Querstange in der Höhe von 1 m bis 1,30 m nunmehr mit diesen in den Boden geschlagenen Spelten in einem Abstand von etwa 5 cm einzeln verflochten. So entsteht ein sehr stabiler Zaun.

Da die Spelten im gewachsenen Boden natürlich der Feuchtigkeit ausgesetzt sind und verrotten oder verfaulen, werden sie von Zeit zu Zeit nachgeschlagen, so dass die Spalten am oberen Ende nicht mehr gleich hoch sind. An Hand der Bilder kann man die Vielgestaltigkeit dieser Zaunform erkennen, aber leider wird die Selbstherstellung nur mehr von Liebhabern durchgeführt, die sich fachlich damit Schritt für Schritt eingehend auseinandergesetzt haben. Das gleiche gilt auch für den Girschtenzaun.

Flechtzaun voll verflochten

In den östlichen Bundesländern sieht man nur noch selten eine Zaunart, bei der Rundhölzer (Steher) mit jungen Ästen, vornehmlich von Nadelhölzern, seltener von Weiden, umflochten werden.

Montage

Die Äste werden wechselweise einmal vor dem Pfosten einmal hinter dem Pfosten durchgeflochten, dies über die ganze Pfostenhöhe von unten bis oben, und somit wird der Pfosten abwechselnd sichtbar. Das Geflecht ist so dicht, dass z. B. Hasen nicht in den Gemüsegarten eindringen können. Die Pfosten stehen in einem Abstand von 50 bis 70 cm und sind etwa 1 m hoch. Für Vorgärten ist ein Flechtzaun nicht geeignet und durch den hohen Aufwand an notwendigen Ästen wie auch den großen Zeitaufwand ist diese Zaunart für den

Flechtzaun voll verflochten mit Hanichltürl

Senkrecht voll verflochten

Auch diese Art ist dem Flechtzaun zuzuordnen

Heimwerker kaum zu empfehlen. Man denke auch daran, wie dieses Flechtwerk zu einem modernen Neubau passen würde.

Alte Ansichten zeigen allerdings, dass diese Zaunart seit Jahrhunderten Anwendung fand.

Man kann aber auch mit kürzeren geputzten Ästen einen recht interessanten, senkrecht verflochtenen Zaun herstellen.

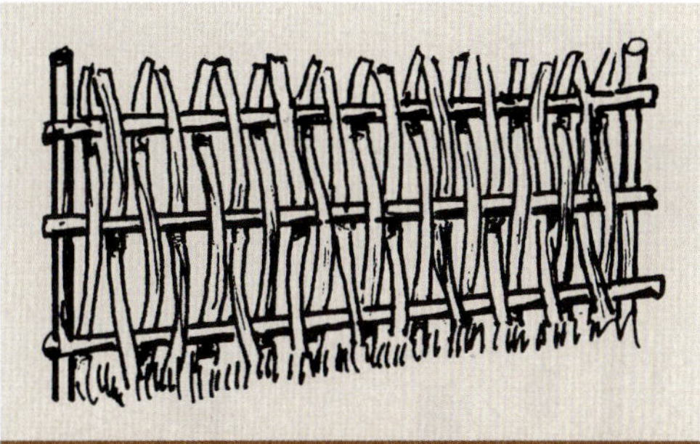

Flechtzaun aus starken Ästen

Flechtzaun teilweise verflochten

Montage

Anstelle von Pfosten werden hier nur dünne, senkrecht stehende, schmale Stangen mit geringen Abständen in den Boden getrieben, im oberen und im unteren Drittel mit Weidenruten (auch Haselnuss) umflochten, die Mitte bleibt von Flechtwerk frei und gewährleistet einen sehr guten Durchblick z. B. zu einem schönen dahinter liegenden Zierblumengarten. Die Flechtarbeit ist allerdings sehr mühselig, wenn die Seitenlänge und Breite des Flechtzaunes 5 m überschreitet. Durch die dünnen Stangen ist der Zaun bei starkem Wind unstabil, daher den Standort dieses Zaunes beachten!

Die Materialbeschaffung ist auf Regionen mit viel Weidenbeständen beschränkt.

Schilfzaun

Im Burgenland am Neusiedler See befindet sich ein Schilfgürtel, der bis zu 3,5 km breit ist. Dieses Schilfrohr wird natürlich für Stukkaturrohr in der Bauindustrie und allenfalls von der Landwirtschaft als Einstreu genutzt. Weshalb aber Schilf auch in dieser Arbeit Erwähnung findet, liegt in der Anwendung von gewerblich hergestellten Schilfmatten, als Sichtschutzelement, vornehm-

Der Flechtzaun kann sehr locker ausgeführt sein

lich im Gartenbereich. Das geerntete Schilfrohr wird zu Bahnen von 150 cm bis zu 200 cm Breite und bis zu 5 m Länge mit feinen rostwiderständigen Drähten verwoben und gerollt der Baustoffindustrie geliefert.

Montage

Bei einer Verwendung als Zaun und Sichtschutzelement muss vor allem darauf geachtet werden, dass die Elemente gegen Winddruck zwischen den Pfosten (Stehern) gut verankert werden. Dies bedeutet von Pfosten zu Pfosten, dass die 2 bis 3 Querhölzer mit Draht mehrmals mit dem Schilfelement zu verbinden sind. Die roh belassenen Querhölzer zeigen zur Straßenseite oder zum

Schilfzaun als Abgrenzung

Schilfzaun als Sichtschutz

Wiesengrund. Zur Haltbarkeit des Zaunes gegen starken Wind tragen die verschiedenen Befestigungstechniken und Bodenverankerungen, wie schon in den vorausgegangenen Kapiteln erwähnt, wesentlich bei. Sehr wichtig in Bezug auf Nässeschutz ist, dass die Elemente mindestens 5 cm Abstand vom Boden aufweisen. Die Haltbarkeit der Schilfelemente wird durch einen Anstrich mit einer Acryl-Wetterlasur wesentlich verlängert.

Bisweilen wendet man diese Schilfelemente auch außen montiert über einen Maschendrahtzaun als Sichtschutz an. Die Windbeständigkeit dieses so genannten Doppelzaunes ist natürlich besser, und auch das Erscheinungsbild im dörflichen Bereich, vor allem im Burgenland, ist sehr willkommen!

Bretterzaun mit Planken (senkrechte Bretter)

Diese Art von Zaun ist nur in den seltensten Fällen als Gartenzaun zu verwenden. Nächst den Häusern dient er vornehmlich dem Sicht-, Lärm- und Windschutz, er ist auf Grund seiner Höhe von bis zu 2 m allenfalls gegen Einbruch sicherer.

Montage

Dazu werden meist Fichtenholzbretter verwendet, die nahtlos an 2 bis 3 kräftigen Querhölzern befestigt (angenagelt) werden. Die Bretter mit einer Länge von 2 m reichen bis zum gewachsenen Boden und sind am oberen Ende meist zugespitzt. Die Länge des Plankenfeldes von Steher zu Steher beträgt üblicherweise etwa 2,50 m. Um starkem Winddruck zu widerstehen, müssen die Steher (Pfosten) eine Stärke von 7 x 7 cm bis 9 x 9 cm aufweisen und im Boden auch mindestens 40 cm tief verankert werden. Entweder werden diese zur Ableitung von Feuchtigkeit in einer Kiesschicht eingebettet oder auf einem Fundament mittels Steherträger einzementiert bzw. angeschraubt. Wenn die Steher fixiert sind, werden die Querhölzer an den Stehern mittels Überblattung befestigt oder mit Winkeln angeschraubt, erst dann werden die Bretter angenagelt.

Die Riegel zeigen zum Haus. Bei der Aufstellung eines Bretterzaunes ist die Standortfrage in Bezug auf die Sonneneinstrahlung bzw. die Beschattung hinter dem Zaun wie auch eine allfällige störende Beschattung im Nachbargarten zu bedenken. Im Hinblick auf die guten nachbarlichen Beziehungen sollte dieser Faktor in Ihren Überlegungen keine unerhebliche Rolle spielen. In manchen Bundesländern gibt es gesetzliche Regelungen, die Beschattung betreffend. Als Vorgartenzaun sind die Planken, was die Ästhetik betrifft, nicht geeignet!

Man kann beim Bretterzaun auch kurze Bretter bis 1,50 m anstelle der schmäleren Latten wie beim Lattenzaun verwenden, ohne Zwischenräume, nur wirkt diese Dichte schon etwas plump!

Bretterzaun mit quer liegenden Brettern

Der Zaun besteht aus kräftigen Vierkantstehern im Abstand von 3–4 m, an die quer 2–3 Bretter untereinander angenagelt werden. Im Aussehen ist dieser Zaun als Abgrenzung zu einem Weg, einer Zufahrt oder zwischen zwei Grundstücken wohl angebracht, aber als Gartenzaun sollte man ihn eher vermeiden, da die langen, quer liegenden Bretter einen plumpen Eindruck machen. Es können dazu besäumte oder unbesäumte Bretter verwendet werden. Übrigens, zum Übersteigen dieses Zaunes bietet man von der Straße her ungebetenen Gästen förmlich eine Leiter an.

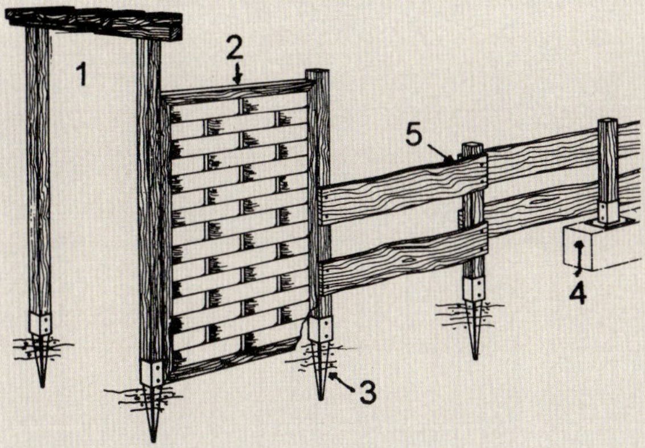

Pergola-Bretterzaun-Kombination
1 Pergola
2 Lamellenzaunelement
3 Steher mit Einschlaghülse
4 Steher mit Aufschraubhülse auf Punktfundament
5 Bretterzaun

Pergola-Bretterzaun-Kombination

Traditionelle „Plankenwand"

Moderner Bretterzaun

Montage

Vorerst werden die Steher, meist Vierkantsteher, 7 x 7–9 x 9 cm, oder Rundhölzer, gesetzt, anschließend werden die Bretter an der Außenseite zum Weg oder zur Zufahrt angenagelt, entweder direkt am Steher oder mit einem Winkel angeschraubt. Der Zaun bedarf keiner Riegel/Querleisten, da er mit den mindestens 3 untereinander angebrachten Brettern genügend Standfestigkeit aufweist. Es erscheint günstig, diesen Zaun mit roh belassenem Holz auszustatten, die Steher sind aber gegen die Feuchtigkeit sehr wohl mit einer Bodenhülse zu versehen.

Wenn die Bretter am Steher angenagelt werden, sei es nun direkt oder in Form einer Längsüberblattung beziehungsweise Kreuzüberblattung, können sich an den Schnittstellen Wasserfallen bilden, siehe Skizzen, und dies ist ungünstig im Sinne des konstruktiven Holzschutzes. Daher diese Kreuzungspunkte mit Abdeckbrettern versehen und nicht auf das schräge Brettchen oder die Abdeckplatte vergessen.

Anstelle von Vierkantpfosten kann man auch Rundholzsteher in der Stärke von 7–9 cm (verwenden, wobei man abwechselnd einmal die Bretter an der Außenseite annagelt und beim nächstfolgenden Abschnitt innen.

Bei beiden Zauntypen ist es, wie schon erwähnt, angebracht, das Hirnholz der Steher mit Brettchen oder Abdeckplatten gegen eindringende Nässe zu versehen.

Bei Bretterzäunen können erhebliche Wasserfallen dort entstehen, wo die Bretter an den Stehern angenagelt werden. Diese Schnittstellen sind den Nässeeinflüssen wesentlich mehr ausgesetzt, und deshalb ist es vorteilhaft, sie mit einem zusätzlichen Brett zu überdecken. (siehe Seite 40)

Es ist auch von Vorteil, auf Längs- und Kreuzüberblattungen bei Bretterzäunen im Sinne des konstruktiven Holzschutzes so weit wie möglich zu verzichten, und überdies kosten sie bei exakter Ausführung mehr Arbeitszeit.

Bretterzaun mit quer liegenden leichten Brettern

Seit einiger Zeit findet man bei Dorferweiterungen, in Stadtrandsiedlungen, Wohnbauten aus Holz, auch Niedrigenergiehäuser, die Gartenumfriedungen mit leichten Bretterzäunen aufweisen. Das Erscheinungsbild dieser Blockholzbauten und Niedrigenergiehäuser mit teilweiser Querverlattung an den Außenwänden passt in der Harmonie zu der Zaunart. Vergessen Sie nicht, sich bei Anstrichen der Hausfarbe bzw. der Holzart der Verlattung anzupassen!

Montage

Der Aufbau in technischer Hinsicht ist derselbe wie bei der vorigen Zaunart, allerdings weisen die Zäune keine Rundholzsteher auf, sondern Vierkantsteher, die meist auf Fundamenten mit einbetonierten Standfüßen oder mit anschraubbaren Bodenlaschen befestigt werden.

Diese Art von Bretterzaun sollte nicht zu hoch und nicht zu dicht sein

Hier bildet der Zaun schon eine „Wand“

Schwartlingzaun

Der Schwartlingzaun ist eine sehr rustikale Art von Zaun, besonders auf Grund des Erscheinungsbildes des zur Anwendung kommenden Holzes, vielfach Fichtenholz.

Unter Schwartling versteht man das erste und das letzte Brett eines im Sägewerk geschnittenen Baumstammes, wenn diese die Bandsäge verlassen haben.

Die Bretter sind naturgemäß auf einer Seite abgerundet und auch der Außenrand ist recht unregelmäßig. An sich sind Schwartlinge billiges Abfallholz, aber in den alpinen, waldreichen Regionen Österreichs wird der Schwartlingzaun für Grünlandabgrenzungen zu Wegen, aber auch bei bäuerlichen Anwesen verwendet, nicht als Gartenzaun und schon gar nicht als Vorgartenzaun.

Eigentümer eines Neubaues oder eines renovierten alten Bauernhofes als Zweitwohnsitz in alpinen Lagen meinen häufig, besonders naturverbunden zu sein, wenn sie einen Schwartlingzaun zur Abgrenzung rund um ihren Besitz wählen. Ob dieser Zaun aber in das regionale Umfeld passt, muss genau geprüft werden und hängt auch von der Grundstücksgröße ab. Der Zaun sollte auch nicht zu hoch sein. Diesbezüglich ist die Meinung der Gemeinde zweifelsohne gefragt. Der Schwartlingzaun eignet sich hervorragend als provisorische und billige „Baustellenabgrenzung"!

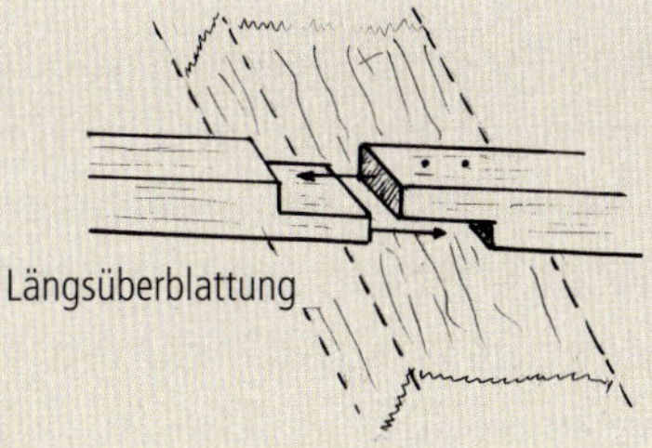

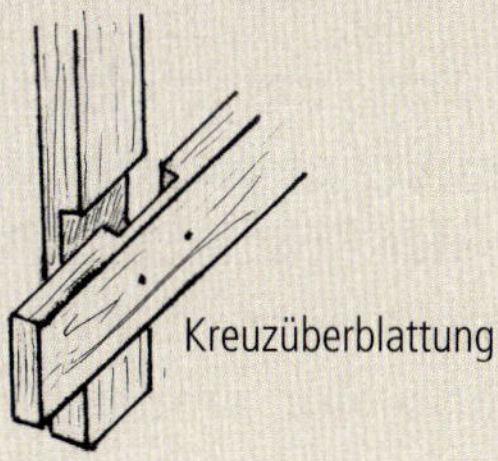

Moderner Bretterzaun – zum modernen Haus passend

Montage

Kräftige Steher von 5–10 cm Ø, meist Rundholz (Pfosten) mit einer Höhe von 130 bis 150 cm, unten zugespitzt, werden im Abstand von 3–5 m in den Boden gerammt und auf diese werden ebenso lange Schwartlinge waagrecht, je nach der Breite der Bretter, untereinander, bis zu 4 Stück, angenagelt. Die Pfostenköpfe werden entweder abgeschrägt oder mit einem Deckbrett versehen, um das Hirnholz vor eindringender Nässe zu schützen. Die in den Boden gerammten Pfosten können durch Ankohlen gegen Feuchtigkeit und die damit verbundene Fäulnis einigermaßen geschützt werden, es sei denn, dem Besitzer des Grundstückes spielen die Kosten für Bodenhülsen und imprägnierte Pfosten, bezogen vom Fachhandel, keine Rolle.

Lamellenzaun

Eine neue Art von Gartenzaun, der sich aus Lamellenwandschirmen für Sicht- und Lärmschutz im Gartenbereich entwickelt hat.

Montage

Der Lamellenzaun eignet sich als Gartenbegrenzung sehr gut. Er besteht aus mehreren im Abstand von 4 m in den Boden geschlagenen Stehern und in der Verkleidung mindestens 4–5 senkrecht stehenden Latten. Um diese werden die Lamellen, „geschmeidige schmale Bretter", ca. 6 x 80 mm im Querschnitt, einmal links und einmal rechts geflochten und so dicht aneinandergelegt, dass kein Spalt offen bleibt. Über die Oberkante der Latten, die etwas über die oberste Lamelle herausragen sollen, wird ein mit einer Nut versehenes, gefastes Brett zum Schutz gegen Feuchtigkeit übergestülpt, wodurch auch die Stabilität des Zaunes gefestigt wird. Für das ganze Zaunfeld (Verkleidung) ist kein Nagel nötig, nur das Zaunfeld selbst wird an den Stehern in einer Nut befestigt oder an einer Latte angeschraubt. Für Gemüse- und Kräutergartenumzäunungen ist diese Zaunart kaum geeignet, eher für Wegabgrenzungen oder als niederer Zaun zum Nachbarn.

Lamellenzaunfelder

Ein Lamellenzaunfeld etwa in der Größe von 150 x 180 cm oder 180 x 180 cm wird vornehmlich für den Sicht- und Windschutz verwendet, muss aber vor allem besonders standfest gegen Winddruck verankert sein. Es empfiehlt sich

Schwartlingzaun

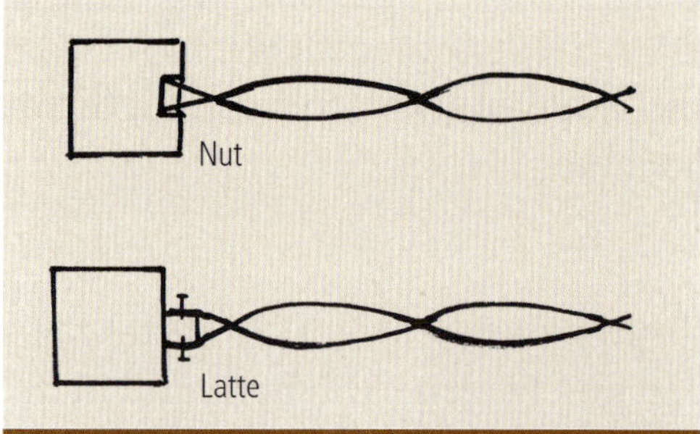

Die Lamellen werden entweder an einer Latte oder in einer Nut am Steher befestigt

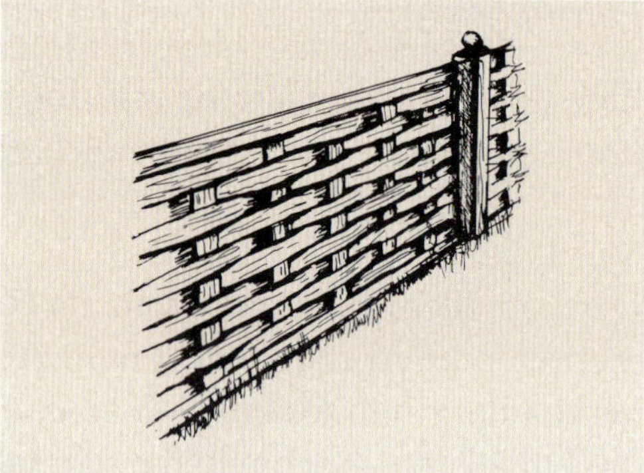

Lamellenzaun als Sichschutz in Kombination mit einem Staketenzaun

Lamellenzaun – Sichtschutz-Elemente

daher, die Steher mittels Bodenhülsen in den gewachsenen Boden zu schlagen oder, noch besser, auf einzelnen Betonfundamenten auf Standfüßen mit Bodenplatte versehen, anzudübeln.

Für Heimwerker ist der Flechtvorgang sicher zu zeitaufwendig, und daher ist es besser, sich fertige Zaunfelder anzuschaffen und diese dann selbst an vorbereiteten Stehern festzuschrauben.

Rundstangenzaun (Koppelzaun)

In den letzten Jahren hat sich der Reitsport zu einem Breitensport entwickelt, und Hand in Hand mit dieser Entwicklung sind Landwirte dazu übergegangen, sich auch der Pferdezucht zu widmen und Reitställe zu bauen. Um den Pferden außerhalb des Stallbereiches genügend Auslauf zu ermöglichen, hat man begonnen, innerhalb des gesamten umzäunten Besitzes Pferdekoppelzäune aus Rundstangen aufzubauen.

Montage

Der Rundstangenzaun besteht aus kräftigen Stehern von 133 cm Höhe mit 2 bis 3 Mal durchbohrten Löchern, wobei durch diese Bohrungen mit einem Ø von 85 mm leicht Rundhölzer in einer Länge von 4 m geschoben werden können. Der Abstand von Steher zu Steher beträgt 2–3 m.

Vor allem Lärche und Kiefer werden gerne verwendet. Der Rundstangenzaun muss auch gelegentlich dem Druck von Pferden standhalten. Die Steher werden an einem Fundament mit einem Standfuß mit Dorn zum Einzemen-

Rundstangen eignen sich sehr gut für Pferdekoppeln

tieren versehen oder einer Bodenplatte zum Aufdübeln. Ist kein Fundament vorhanden, werden die Steher mit Bodenhülsen in den Boden getrieben, dadurch wird der Zaun etwas niederer. Zum Öffnen der Koppel müssen lediglich von einem Zwischenfeld die Stangen herausgezogen werden.

Palisaden (Schanzzaun)

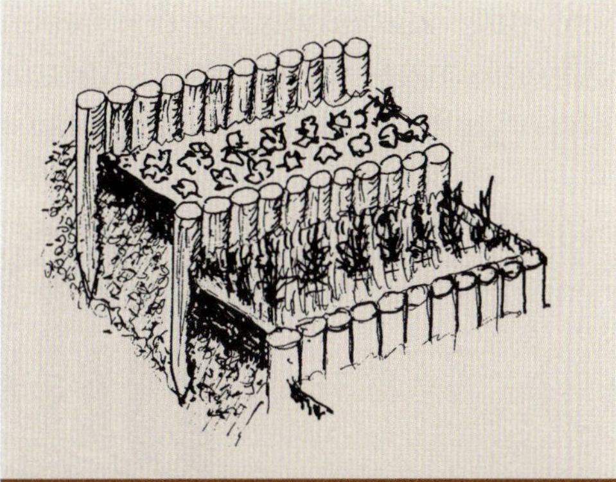

Palisadenabgrenzunge für Hangbeete

Die Palisaden – Rundhölzer bzw. Halbrundhölzer, vornehmlich Lärche, auch fallweise Kiefer, in einer Stärke von 80–100 cm Ø, sind oben abgefast oder zugespitzt und zylindrisch gefräst. Sie lassen sich in moderneren Gärten als funktionelle und auch gestalterische Elemente gut integrieren. Die Palisaden werden einerseits bei Gärten mit unebenem Terrain zum Aufbau von Terrassen für verschiedene Ebenen zur Stützabgrenzung verwendet und andererseits zu einer Art Palisadenwand für Gartenecken, bei denen man sowohl an Sicht-, Lärm- wie auch Windabschirmung denkt.

Montage

Die Palisadenhölzer werden Pfosten an Pfosten, ohne Zwischenraum, je nach der Länge des Pfostens tiefer oder weniger tief in einen mit einer 10 cm Kiesschicht versehenen, vorbereiteten Graben eingebracht. Das Kiesbett erleichtert das Abfließen des Wassers. Anschließend wird der Graben mit dem Aushubmaterial wieder gefestigt.

Um die Passgenauigkeit der Palisadenreihe zu gewährleisten und zum besseren Einrichten der Flucht nagelt man beim Einbringen eine Latte quer über die Palisaden (siehe Zeichnung). Die Richtlatte wird nach Fertigstellung wieder entfernt. Für Vorgärten eignet sich der so genannte Palisadenzaun bis zu einer Höhe von ca. 50 cm als Abgrenzung zum Gehsteig.

Palisaden eignen sich nicht zur Abgrenzung von Gemüse- und Kräutergärten, da die Beschattung mancher Teile des Gartens durch die Dichte des Zaunes ungünstig ist. Überdies macht ihn der große Holzverbrauch kostspielig, und Palisaden wirken etwas plump. Von der Holzindustrie werden sie mit Einstichlöchern versehen, dies bewirkt eine optimale Imprägniermittelaufnahme und trägt zur Erhöhung der Lebensdauer der Hölzer wesentlich bei (siehe „Chemischer Holzschutz"). Allerdings sollte man an eine spätere allfällige Entsorgung denken, bei der Menge an verbrauchtem Holz.

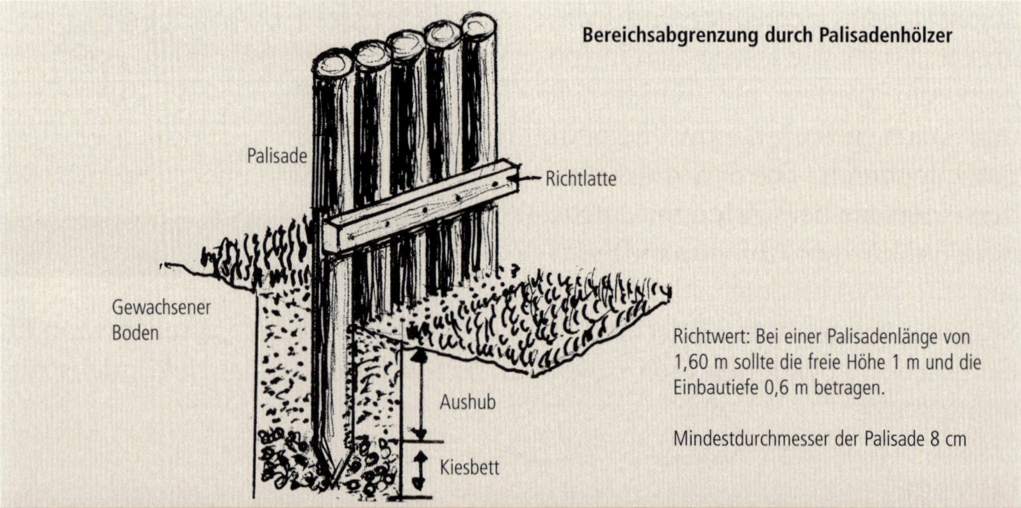

Errichtung von Palisaden

Sicht-, Lärm- und Windschutzzäune

Der Trend, der beengten Stadtwohnung und dem Grau der Häuserfronten zu entfliehen und die Freiheit, die auch kleine Gärten und Grünanlagen vermitteln, zu genießen, ist uns allen nur zu gut bekannt. All jene, die einen Garten, sei es bei einem Zweitwohnsitz oder einem Neubau, besitzen, können sich glücklich schätzen und haben die Möglichkeit, die vielgestaltigen Einrichtungen in der Gartenkultur zu nutzen. Dies betrifft nicht nur die Umzäunung des Grundstückes, wie im Kapitel „Art und Zweck der Umzäunung" beschrieben, sondern auch den Wunsch nach einem individuellen Rückzugsraum im Freien. Man erweitert den Wohnbereich zum Teil in den Garten, um einen Wohlfühleffekt und eine erholsame, behagliche Gartenatmosphäre zu schaffen, und versucht diesen Bereich mittels Sichtzäunen neugierigen Blicken zu entziehen. Dies betrifft auch oft das Schwimmbecken oder den Schwimmteich.

Was bei den „Schanigärten" bei Gasthäusern und Heurigen seit mehr als 100 Jahren mit Sichtschutzelementen üblich war, hat in den letzten Jahren auch die Holzindustrie angeregt, diesbezüglich initiativ zu werden und Zaunelemente zu entwickeln, die auch vom Heimwerker in Modulbauweise selbst, aber besser unter Mitwirkung von Fachfirmen, je nach Maß, montiert werden können.

Montage

Für Sichtschutzzäune wird Lärchenholz bevorzugt, damit kein imprägniertes Holz verwendet werden muss. Sie sollten aber auf den neuen Systemen des konstruktiven Holzschutzes aufgesetzt werden, um Schäden am Holz durch Bodenfeuchtigkeit zu vermeiden.

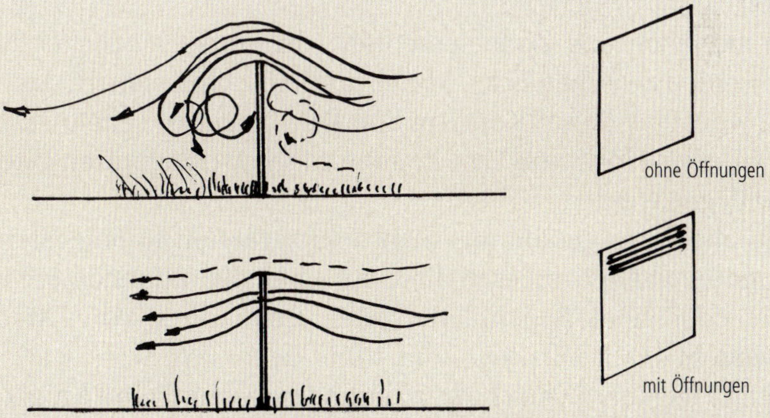

Windschutzelement mit Öffnungen im oberen Bereich bieten Schutz mit weniger Luftwirbelbildung

Wirkung von Windschutzelementen

Sicht- und Windschutz kann auch ansprechend gestaltet sein

Die Felder bestehen aus Zaunelementen von unterschiedlicher Breite und Höhe und werden zwischen Eck-, Mittel- und Abschlussstehern (siehe Profile) eingezapft, wobei bei dieser Konstruktion kein Nagel zu sehen ist! Die Holzsteher bis zu einer Höhe von 1 m können mit Einschlaghülsen direkt in den Boden geschlagen werden.

Will man allerdings gerade aus Sichtschutzgründen höhere Steher bis zu 1,90 m Länge verwenden, müssen diese auf einem Betonfundament mit einem Bodenanker oder einer Bodenplatte unter Verwendung von Dübeln angeschraubt werden.

Neben ganz dichten Sichtschutz-Zaunfeldern ist auch die Möglichkeit gegeben, halboffene, transparente Elemente zu verwenden, die einen Luftdurchzug in den oberen Teilen der Sichtschutzverkleidung gewährleisten. Liegt der Garten in einer Region, die Windströmungen vorzugsweise immer aus einer

Moderne Wind- und Sichtschutzwand

Richtung ausgesetzt ist („a' windige Ecken"), muss die Verankerung der Sicht- und Windschutzelemente wesentlich stärker konstruiert sein.

Bezüglich der Lärmschutzelemente gelten andere Aufbauvorschläge, man muss vor allem entsprechend dem Lärmpegel, allenfalls durch Messungen, zunächst den richtigen Standort wählen bzw. die notwendige Höhe ermitteln, um einen effektiven Schutz vor Lärmquellen (Autobahn, Betriebe) zu erzielen. Der wirkungsvolle Aufbau von Lärmschutzelementen sollte eigentlich einer Fachfirma übertragen werden. Ein eigenhändiges Flechten der Zaunfelder mit Lamellen ist sehr zeitaufwendig und für Heimwerker nicht zu empfehlen.

Zauntüren, Gatterln (Nachstehend auch als „Türl"bezeichnet)

Jeder Gartenzaun, besonders der des Gemüsegartens, bedarf, auch wenn er noch so klein ist, eines Zuganges, wobei es wichtig ist, dass dieser Zugang, das „Türl", im Aufbau zum Zauntyp passt und womöglich aus derselben Holzart hergestellt wird. Das Türl und der Zaun sollten eine Einheit im ästhetischen Sinne bilden. Das gilt auch für alle anderen Umzäunungen rund ums Haus, leider vergisst man dies allzu leicht. Gleiche Höhe des Zugangs wie der Zaun

und eine Mindestbreite von 80 x 100 cm, um auch leicht einen Korb oder ein Gerät in oder aus dem Garten tragen zu können, sollten gegeben sein. Wichtig ist, dass das Türl sich nur nach einer Seite in den Garten hinein öffnen lässt und am Steher, an dem der Schließmechanismus montiert ist, eine Leiste angebracht wird, die verhindert, dass das Türl nach außen geöffnet werden und nicht durchschwingen kann. Auch Torflügel von Doppeltoren dürfen nicht auf den Gehsteig oder auf die Straße ausschwingen. Der Mindestabstand vom gewachsenen Boden sollte so bemessen sein, dass ungebetene Gäste nicht unter dem Türl durchschlüpfen können (Feldhasen, Hühner etc.)

Montage

Der Aufbau eines Lattenzaunes sei im Folgenden als Praxistipp veranschaulicht.

Man legt den vorgefertigten Türrahmen und die diagonale Verstrebung sowie die Latten auf ein Stück flachen Bodens und nagelt oder schraubt diese am Rahmen an. Dann montiert man die Gartentorfalle oder eine andere Verriegelung und auf der anderen Seite am Rahmen die beiden Scharnierbänder. Beachten Sie, dass die diagonale Strebe beim unteren Scharnier beginnt, damit der Gewichtsdruck des Türls aufgefangen wird. Am Steher werden dann die 2 Kloben in exakt ausgemessener Höhe angebracht und das Türl eingehängt. Steht der Zaun auf einer Sockelmauer, müssen die Latten und der Rahmen des Türls bis fast zum Boden reichen.

Gartentürl mit Lederscharnieren

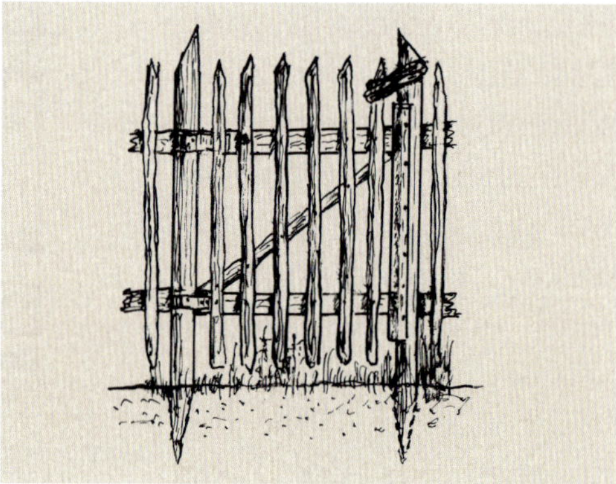

Eine andere Art von Türl oder Gatterl billigster Art, die ohne viel Beschläge auch leicht selbst zu fertigen ist, ist vor allem für einen kleinen Kräutergarten gut geeignet. An einem der Steher werden 2 kräftige Lederbänder mit dem Rahmen des Türls verbunden. Als Verriegelung am anderen Steher dient nur ein Holzriegel, der vom Rahmen in ein vorgebohrtes Loch im Steher geschoben wird, oder ein Zaunring. Diese Art von Gatterl gehört allerdings nicht auf die „Zierseite" des Hauses. In einer Umzäunung mit einem Bänderzaun kann auch ein Torrahmen, mit Brettern verschalt, genügen. Bei der Gestaltung der Türln sollte man nicht zu strenge Maßstäbe anlegen, wie eingangs erwähnt, aber doch allenfalls

Das stützende „Z" muss beim unteren Torband abgestützt sein

Gartentor mit Schloss von oben gesehen – zu beachten, dass das Tor 5–10 cm Bodenfreiheit aufweist!

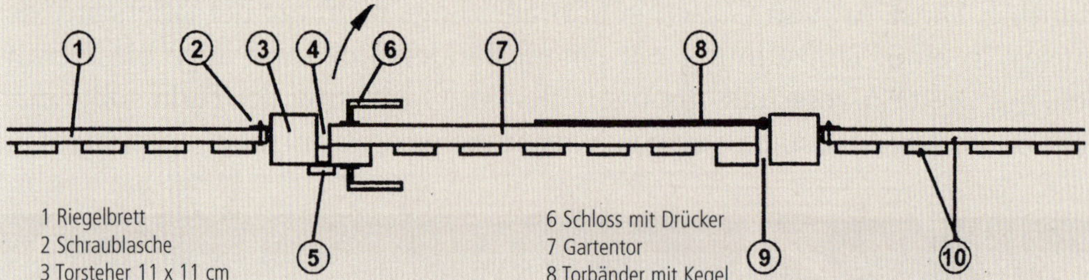

1 Riegelbrett
2 Schraublasche
3 Torsteher 11 x 11 cm
4 Abstand für Schloss ca. 0,5 cm (mit Schlosskasten ca. 2,5 cm)
Abstand für Gartentorverschluss ca. 3 cm
5 Anschlagbrett
6 Schloss mit Drücker
7 Gartentor
8 Torbänder mit Kegel
9 Abstand Dübelkegel ca. 3 cm, Schraubkegel ca. 5 cm
Aufschraubkegel 1 oder 3,5 cm
10 Zaunelement mit Latten

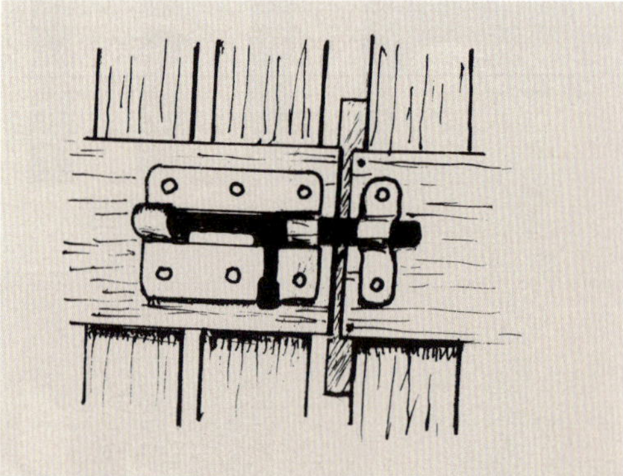

Unterschiedlichste althergebrachte und einfache Torverschlüsse

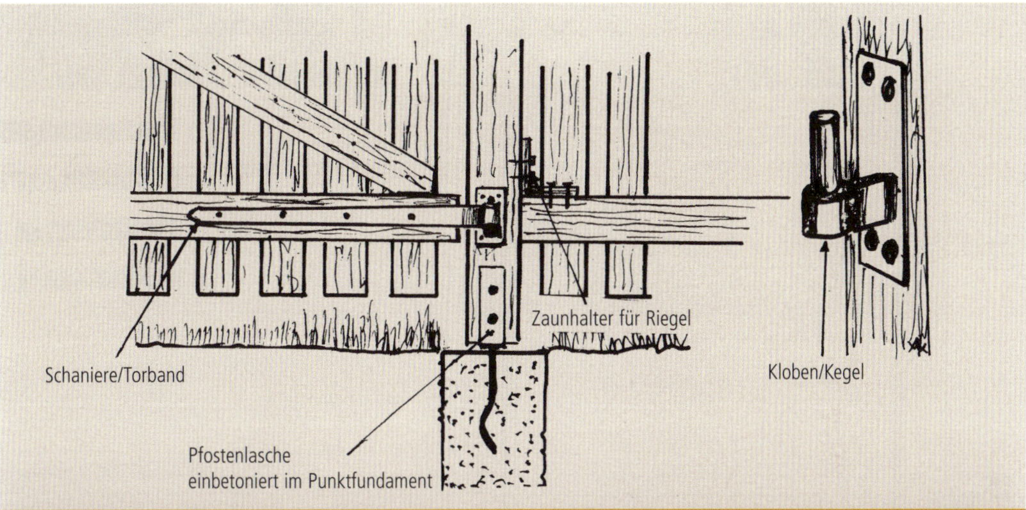

Gartentorbeschläge

Ein einfacher Gartentürverschluss mit Einschnappvorrichtung

Professionell gefertigte moderne Gartentüre

eigene kreative Einfälle anwenden, die aber die Harmonie nicht stören. Bei einigen Bauernhäusern in Tirol, speziell Holzblockbauten, gibt es noch immer die so genannten Hühnergatterln (lattenzaunartig), die im Sommer vor dem Eingang in das Haus angebracht werden, um Licht und Luft in das Haus zu lassen und den Hühnern den Zugang verwehren.

Der Ausformung sind bei den Toren keine Grenzen gesetzt

Tiroler „Hühnergatterl"

Holztorbeschläge – Doppeltore

Bei fast allen Senkrechtzäunen sind Schließmechanismen vorgesehen, seien es nun einfache Tore, Türln oder Doppeltore. Für diese bietet die Metallindustrie ein großes Angebot an Beschlägen und Schlössern an.
Es sei hier allerdings vermerkt, dass der Heimwerker mit Einfallsreichtum und etwas technischem Geschick Verschließmechanismen aus Holz herstellen kann, die durchaus Beschläge aus Metall ersetzen und oft sehr originell und einfach sein können.

Montage und Komponenten

- Ladenbänder zum Anbringen an den Querhölzern am Tor – beweglicher Teil
- Kloben/Kegel montiert am Steher zum Einhängen des Ladenbandes zweifach oben und unten

Neben einem Doppeltor benötigt man meist auch ein einfaches Türl

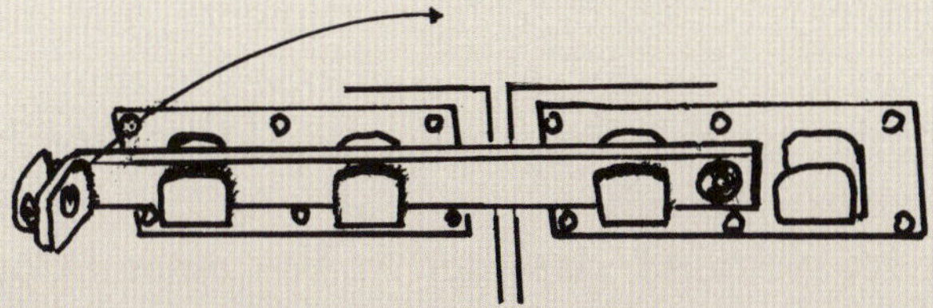

Doppeltorüberwurf

- Verschluss: Schließmechanismus am Torflügel und Klinkhaken zum Einrasten am Torsteher, es sollte immer ein Anschlag für das Tor vorhanden sein!
  Es gibt von der Beschlagsindustrie Sortimentskassetten mit allen nötigen Beschlägen, Schrauben und Nägeln, z. B. für den Jägerzaun
  – Gartentorfalle + Anschlag
  – 2 Ladenbänder mit Rolle, 13 mm Ø
  – 2 Kloben/Kegel 13 mm-Dorn
  – Schraubensortiment

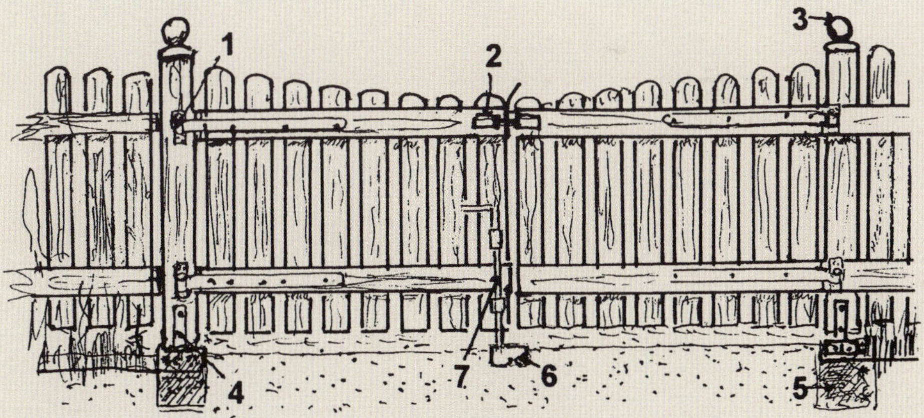

1 Ladenbänder mit Kegel
2 Doppeltorüberwurf
3 Zierkugel
4 Bodenlasche zum Andübeln
5 Punktfundament
6 Auflaufstütze
7 Bodenschieber

Gartentorbeschläge

Für Doppeltore gibt es ebenso Beschlagssortimente und noch zusätzlich 2 Führungen für Bodenschieber und eine Auflaufstütze zum Fixieren der Torflügel meist mit Erddorn, weiters Sturmhaken und Doppeltorüberwürfe sowie Schieber (siehe Skizze bzw. Fotos!)

Für Heimwerker sei vermerkt, dass der Aufbau eines Doppeltores schon einen größeren Aufwand an Zeit erfordert, abgesehen von der meist verpflichtenden Herstellung eines eigenen Fundamentes und einer Auffahrt von der Straße her. Der Kauf der Einzelteile und deren Montage sind nicht das Problem, sondern die notwendigen Hilfskräfte beim Aufbau.

Traditionelle Zaunformen

Der Schwerpunkt dieses Buches liegt in der Erläuterung und Darstellung von Zaunformen, gerichtet an die Zielgruppe von Heimwerkern, die Zäune in Eigenregie aufbauen wollen. Weiters wird auch auf den Fachhandel hingewiesen, welcher Produkte zum Bau von Holzzäunen, Bauholz und ganze Fertigteile inklusive Beschlägen aus Metall u. v. a. m anbietet. Und doch sollte besonders auch auf die alten, traditionellen Vorbilder der Holzzaunformen hingewiesen werden, die alle aus dem Holz unserer heimatlichen Wälder hergestellt wurden und teilweise noch werden.

Stangenzaun mit Wid'n

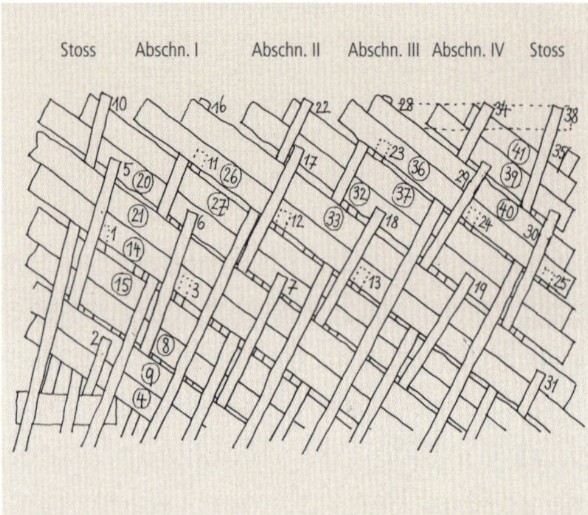

Dichter Girschtenzaun

Die Herstellung des **Girschtenzauns** oder auch Pinzgauer Zauns wird nur mehr von Bauern auf Grund von fortlebender Überlieferung und von regionalen Zimmerleuten beherrscht. Aus einer Zeichnung, kopiert aus der Broschüre

Girschtenzaun – einfachere Ausführung

der Zaunforscherin Frau Ilka Peter, kann man ersehen, wie kompliziert der Aufbau eines 4-fachen Girschtenzaunes ist. Es gibt im Übrigen auch einen einfachen Girschtenzaun mit viel weniger Holzaufwand, aber dieser ist eben nicht mehr so dicht.

Als weitere Zaunart wäre der **Kreuzzaun**, auch Ranten- oder Stangenzaun genannt, anzuführen, bei dem 3–6 Steckenpaare über Kreuz schräg in den Boden geschlagen werden, wobei die 6 Kreuzungspunkte einen Abstand von 30–40 cm untereinander aufweisen. Auf diese Kreuzungspunkte werden dann waagrecht Stangen (Wipfelstangen) gelegt. Als Gartenzaun ist diese Zaunart nicht verwendbar, da sie durch die Breite viel zuviel Platz in Anspruch nimmt.

Sehr dekorativer Kreuzzaun

Beim **Girschtenzaun mit Wid'n** werden Girschten in einem Abstand von ca. 10 cm parallel senkrecht in den Boden geschlagen und mit Zaunringen = Wid'n verflochten. Auf diesen lagern dann schräg von unten nach oben die Girschten in dichter Folge. Zum Abschluss legt man dann oben waagrecht noch eine Rundstange. Durch den großen Aufwand an Holz findet man diese besonders dichte Zaunart nur mehr sehr selten in der Landschaft oder nächst einem Hofe.

Siehe hierzu auch die Zaunformenkarte auf den Seiten 130 und 131!

Lebender Zaun aus Weidenruten

In einigen Gegenden der Oststeiermark setzte man an Wegrändern und auch Vorgärten in einem Abstand von 10–15 cm einzelne junge Weidenruten in den Boden, die sehr leicht anwurzeln. Bei einer Wuchshöhe von ca. 50 cm werden sie schräg gezogen und an dem Kreuzungspunkt mit der nächsten Rute versplissen, das heißt, eine Rute wird senkrecht angeschnitten, und durch diese Öffnung wird die andere Rute durchgezogen und nach weiteren 30 cm die nächste (Nachbar-) Rute versplissen. So entsteht nach einem Jahr ein lockeres Weidenrutengeflecht, welches meist mit einer Ligusterhecke auf der Hausseite die Umzäunung verstärkt. Da die Weidenruten jedes Jahr gestutzt werden müssen, steht der Arbeitsaufwand im Verhältnis zum optischen Erscheinungsbild in keiner guten Relation.

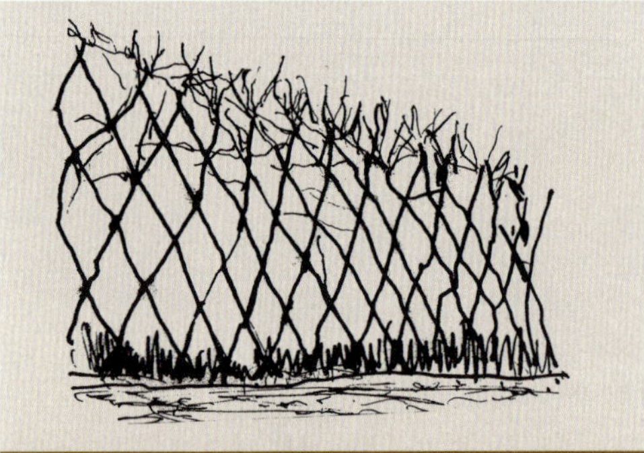

Zaun aus Weidenstecklingen

Herstellung von Zaunringen

Sowohl für den Stangenhag wie für den Bänderzaun sind die Zaunringe wesentliche Bestandteile zur Erhaltung der Stabilität dieser Umfriedungen. Die Herstellung ist allerdings zeitaufwendig und nicht ganz einfach. Man wird diese Zaunringe in der holzverarbeitenden Industrie nicht im Angebot finden, eher im Forstbereich bei einzelnen Bauern, die noch über die Kenntnisse des Ringmachens verfügen. Vorzeigen lassen und dann selber machen!

Die Herstellung am Standort des Zäunens

Das Basismaterial sind junge, fingerdicke untere Äste der Fichte. Wenn diese im „Saft" sind, sollten sie geschnitten werden, dann sind sie am „zachsten" (zähesten) und somit am geeignetsten zum Drehen der Ringe. Die Äste sollten

Vorgefertigte Zaunringe

glatt geputzt werden, wobei die Rinde belassen werden kann. Bevor sie jedoch zu Ringen gedreht werden, müssen sie noch etwa 10 Minuten über einem offenen, mäßig heißen Feuer erhitzt werden, dadurch erlangen sie die gewünschte Biegsamkeit, ohne beim Drehen zu brechen. Man bezeichnet diesen Vor-

Das „Bähen" der Äste erhöht ihre Biegsamkeit

Hier werden die Zaunringe an Ort und Stelle verarbeitet

gang „Bähen" oder „Braten". Hitzebeständige Arbeitshandschuhe sind hierzu unbedingt nötig, da der gesamte Ast ständig gewendet werden muss, damit jeder Teil des Astes von der Hitze des Feuers erreicht wird. Dabei muss auch peinlichst geachtet werden, dass der Ast nicht verbrennt. Wenn das Bähen direkt am Standort des Zäunens vor sich geht, kann beim Stangenhag der Ring noch im warmen Zustand direkt um den Pfosten und die Habstange in Achterschleifen gewunden werden. Auch beim Zauntürl findet der Zaunring als Verschluss seine Anwendung.

Zaunringe für spätere Verwendung

Für den Bänderzaun werden die Äste zunächst zu Ringen mit ca. 20–25 cm Ø in runde Form gedreht, wobei das dünnere Ende, das „Schwanzl", hinter dem dicken Ende nach innen weisen muss. Wichtig bei dem Drehvorgang ist, dass während des Biegens des noch warmen Astes dieser in sich noch gedreht oder gewunden werden muss, dadurch erhält der Ring seine Spannung und löst sich nicht mehr auf. Mit den Arbeitshandschuhen bedarf es hier auch einer großen Geschicklichkeit bei den heißen Ästen. Diese Zaunringe für das Zäunen werden oder wurden meist auf Vorrat schon im Winter hergestellt.

Der Bänderzaun wird z. B. im Teichalmgebiet (Stmk.) auch häufig zur Umzäunung von Ferienhäusern verwendet.

Girschten oder Spelten

Junge, womöglich gerade gewachsene schlanke Fichtenstämme werden in eine Länge von 2,50 m bis 2,80 m geschnitten und mittels Keil und Beil in schmale Scheite aufgespaltet („Spelten" von „Spalten"), wobei darauf geachtet wurde, dass sie wenig Äste aufweisen.

Spalten eines Holzstammes zur Herstellung von Girschten

Vor 50 Jahren waren die Girschten- oder Pinzgauerzäune, noch relativ weit verbreitet, heute wären sie, würden nicht einige Bauern deren schwierige Herstellung noch beherrschen, schon verschwunden und vergessen. Girschten finden als Steher für Hanichel- und Stackettenzäune noch Verwendung. Das gespaltene Holz sieht natürlich schon sehr rustikal aus, aber die Haltbarkeit ist gleichzusetzen dem geklobenen Holztram (Bohlen) im seinerzeitigen Blockhausbau. Gesägte Zaunstecken aus Sägewerken sind nur haltbarer, wenn sie druckimprägniert sind.

Zur Klärung der Fachausdrücke

- **Zaunstecken** werden zumeist aus Lärchen- oder Fichtenästen hergestellt. Lärchenäste haben aber eine wesentlich höhere Feuchtigkeitsresistenz, wenn sie in den Boden geschlagen werden.

Neu errichteter Girschtenzaun

- **Zaunstangen** sind ungespaltene Wipfelstangen (Rundholz) von Fichten und werden für Bänderzäune und den Stangenhag verwendet.
- **Spalt-, Spelten-, Girschtenholz** ist gespaltenes Holz von der Fichte, seltener von der Lärche, siehe oben!
- **Zaunringe**, siehe eigene Beschreibung im vorigen Kapitel.

Girschten auf Zaunringen

Gesetzliche Grundlagen – Zaunaufbau

Wollen Sie einen Holzaun um Ihren Besitz neu errichten bzw. verändern, so ist die einzige Adresse, um diesbezügliche Informationen und die Genehmigung zur Errichtung zu erhalten, der Bürgermeister im Gemeindeamt, bei größeren Gemeinden die Abt. Hochbau-Bauplanung. In der Schweiz, in Bayern und in Südtirol ist, wie in Österreich, der Bürgermeister bzw. das Baureferat im Gemeindeamt zuständig.
Es gibt in Österreich bei einigen Gemeinden, vornehmlich in den alpinen Regionen, im Zuge von Gemeindeverordnungen Richtlinien, die sich auf eine spezielle Bebauungsplanung beziehen und häufig Gestaltungskriterien, etwa den Aufbau von traditionellen Holzzaunformen, beinhalten.

Holzzäune in aller Welt

In den waldreichen Regionen der Welt, wo genügend Holz zur Verfügung steht, findet man sehr oft noch Holzzaunformen, die vornehmlich in der Art des Aufbaues fast den europäischen gleichen. Diese Zaunarten gehen vielfach auf die Kenntnisse mitgebrachten Kulturgutes der seinerzeitigen Einwanderer zurück, die ihre Umzäunungen wieder nach der Tradition ihrer Heimat aufbauten, und deren Nachkommen, die diese erneuerten und bis heute noch pflegen. Vor allem in Kanada, an der Westküste der USA und u. a. auch in Mittelchile umgibt man Garten, Haus und Hof noch mit wie bei uns üblichen traditionellen Zäunen, vielleicht etwas abgewandelt in den Maßen.

Kanarische Inseln

Chile

Madaira

China

China

Thailand

Mexico

Griechenland – Holzimitation

Ganz anders in Mittelamerika, in den subtropischen Regionen, hier hilft man sich mit Stacheln besetzten Gewächsen, senkrecht dicht aneinandergereiht, zur Grenzziehung. Im Fernen Osten dient vielfach Bambusrohr zum Aufbau verschiedenster Arten von Umzäunungen, von der dicht geflochtenen Bambusmatte bis zu kunstvoll gestalteten Formen von Garten- und Wegzäunen, vielfach ohne Verwendung jeglicher Nägel.

Von den Erfahrungen, die ich in den von mir bereisten Ländern gesammelt habe, ist festzuhalten, dass fast alle exotischen Formen in Eigenregie von der jeweils dort einheimischen Bevölkerung mit viel Kunstsinn selbst hergestellt werden.

Sehr skurril sind manche industriell hergestellten Zäune in Südosteuropa, wo Holz stellenweise Mangelware geworden ist und man den so genannten Holzzaun mit in Formen gegossenem Beton imitiert. Vom ästhetischen Standpunkt aus gesehen sind diese Zäune nicht schön zu nennen, auf den ersten Blick sind die Verkleidungen von Pfeiler zu Pfeiler täuschend ähnlich einem groben Zaun aus armdicken Ästen, meist weiß gekalkt.

Rund um den Zaun

Zur Geschichte der Wörter „Zaun" und „Garten"

Zaun

Woher stammt das Wort Zaun? Im Germanischem sprach man von „Zun", im Altenglischen von „Tun", hieraus entwickelte sich, auf den Zaun bezogen, alles Umhegte – Garten – Hof – Dorf – bis zur Stadt = Town. Ebenso findet man aus dem Keltischen kommend das Altirische „Dun", weiter ins Gallische übergehend zu „Dunum" mit der Bedeutung „Burg", z. B. Noviodunum = Neuenburg.

Garten

Aus dem indogermanischen Wort „gehr" mit der Bedeutung das „Eingefasste" entwickelte sich „Gorthos" – Ghorton Hort gleich dem Lateinischen „Hortus", der Garten, eine umhegte, in Bodenkultur genommene Kleinfläche mit Gemüse, Heilkräutern, Obst und Zierpflanzen. Hortikultur bedeutet also „Gartenkunst" und der weiblicher Vorname Hortensie „Gartenfreundin".

Sprücherln, Gstanzln, Gedichte rund um den Zaun

„Einen Streit vom Zaune brechen" – jemand sucht die eigene Auffassung jemandem anderen aufzuzwingen
„Jemandem ins Gehege kommen" – das Eindringen in den Bereich eines anderen
„Mit dem Zaunpfahl winken" – jemandem ein deutliches Zeichen geben
Saubere Zäun – fleißige Leut, halten den Hof z'samm, verjagen den Streit – Bedachtnahme auf die Instandhaltung der Zäune zwischen Nachbarn
Letzte Kuh machts Türl zu! – Gefahr des Offenhaltens eines Zaungatters (Alm) Ausbrechen von Almvieh verhindern Eindringen von Kleinvieh in den Gemüsegarten

Wenn a Streithansl zäunt, muss die Nachbarschaft allweil oa Aug am Gschiedstoa haben – Absichtliches Verschieben des Grenzsteine
Zaungast – Beobachtung durch oder über den Zaun/Spächtler
Beim Zäun, da blühn de Veigal schö, da bleibt der Bua beim Deanl stehn.
Die alten Bräuch und die alten Zäun müassen alle derfäulen.
Zaundürr – hageres Ausehen
Zäun machen – Zäunen

A Zaun dazwischen mag die Lieb erfrischen
A Bauer ohne Weib, is a Feld ohne Zäun – Berchtesgadener Sprichwort
A schiachs Weib is a guater Zaun um den Garten
Die Mauern haben Ohren, die Zäune haben Augen
Er hält die Sach übern Zaun – Er sagt nicht die volle Wahrheit
Er ist schon über den Zaun – Auf und davon
I bin net hintern Zaun her – nicht aus schlechten Verhältnissen kommend
Er geht seinen Zaun – gerader Weg
Er hat Zäun – Vermögen

Diandl, geh her zum Zaun

Der Zaun
von Franz Xaver Hollnsteiner

Die Wege aller Welt sie enden,
Immer wieder an einem Zaun
Er schließt zusammen Gut und Haus
Hält Fremdes fern, sperrt es hinaus,
Ab soll sich alles Böse wenden,
Unheil und Krankheit, Not und Graun.

Geborgensein lässt er uns ahnen
Stock, Latten im Verwobensein.
Ein Heckenband, wo Tierwelt haust,
Von Wind und Wetter stets zerzaust.
Ein Steinwall aus der Zeit der Ahnen.
Besitz, Gemarke fasst er ein.

Die Ordnung wird durch ihn erhalten
In Au und Flur, in Hag und Wald,
Trennt sorgsam Wiesen, Almen, Feld,
Um jedes in der eignen Welt,
Auf zugewiesenem Platz zu halten.
Gebietet Mensch und Tieren Halt.

Zum Abschluss sei noch ein Gedicht von **Christian Morgenstern** (1871–1914) angefügt, welches so richtig auf den Lattenzaun zugeschnitten ist:

Es war einmal ein Lattenzaun,
mit Zwischenraum, hindurchzuschaun.

Ein Architekt, der dieses sah,
stand eines Tages plötzlich da

und nahm den Zwischenraum heraus
und baute draus ein großes Haus.

Der Zaun indessen stand ganz dumm
mit Latten ohne was herum.

Ein Anblick gräßlich und gemein,
Drum zog ihn der Senat auch ein.

Der Architekt jedoch entfloh
nach Afri- oder Ameriko.

Zusammenfassung

Der Zaun im Einklang mit der Natur

Projekte und Förderungen

Um einen Eindruck über die regionale Zaunkultur in Österreich, Südtirol und Bayern zu gewinnen, habe ich etwa 2.500 km gezielter Fahrten in diese Regio-

Zaunwanderweg Unken, Girschtenzaun

nen unternommen. Mein Bestreben war, Motive von Holzzäunen um Gärten, Vorgärten, Einzelhäuser an Dorfrändern sowie Höfen in Streusiedlungen zu finden und im Bild festzuhalten. Bei diesen Fahrten stellte ich fest, dass in einigen Regionen, vornehmlich in waldreichen voralpinen und alpinen Bereichen,

Zaunwanderweg Unken, Stangenzaun mit Zaunringen

die Erhaltung von traditionellen Umzäunungen aus Holz im Sinne der Pflege der Kulturlandschaft noch sehr ernst genommen wird. Viele dieser Vorhaben zur Verbesserung des Erscheinungsbildes der Kulturlandschaft stehen im Einklang mit der Natur. Verstärkt werden diese Vorhaben unter anderem durch das EU-Förderprogramm LEADER in Zusammenarbeit mit den örtlichen Natur- und Kulturlandschaftsvereinen und mit Unterstützung durch Landesmittel. Von den vielen Projekten sind besonders die Aktivitäten der Nationalparkregion Hohe Tauern und Nockberge in Kärnten hervorzuheben. Aus einer Liste von Projekten, die man mir übersandte, geht hervor, dass über 20 Hofbewirtschafter traditionelle Holzzäune seit dem Jahre 2000 errichtet haben, z. B. im Mölltal – Apriach, Ebene Reichenau, Bad Kleinkirchheim, Eisentratten, Kremsbrücke, Obervellach usw. Bei der Beschreibung des Bänderzaunes habe ich schon die Aktivitäten von Fladnitz (Teichalmregion, Stmk.) erwähnt, wo Umzäunungen von Grundstücken mit dem Bänderzaun zu sehen sind.

Eine weitere Gemeinschaftsinitiative ist das Projekt „Unken Grenzenlos", welches sich der örtlichen Umzäunungen im Umfeld von Unken (Salzburg) annimmt und einen Zaunwanderweg in Angriff genommen hat, derselbe Plan ist in Ramingstein an der Mur zum Teil schon ausgeführt.

Besonders interessant sind die Bemühungen im Alpenzoo Innsbruck, wo man alte traditionelle Zäune für Umzäunungen neu aufstellt und auch über die Machbarkeit informiert.

Welchen Wert haben diese Projekte für den Heimwerker?

Hier findet der Heimwerker sicher Kontakte zu Praktikern, die nicht mehr allzu häufig anzutreffen sind, und erhält auch Hinweise, wer in Lohnarbeit beim Aufbau dieser Zäune mithilft. Förderungen für privaten Zaunbau gibt es allerdings leider kaum.

Wer von den Heimwerkern Interesse an traditionellen Zaunformen und an kleinen umzäunten Gemüse-, Kräuter- sowie Blumengärten hat, sei auf die Freilichtmuseen in Österreich und den Nachbarländern in nachstehender Liste verwiesen.

Freilichtmuseen in Österreich

Tirol

- Museum Tiroler Bauernhöfe in Kramsach
- Ötztaler Freilichtmuseum Längenfeld
- Bergbauernmuseum Inneralpbach-Alpbachtal

Salzburg

- Salzburger Freilichtmuseum in Großgmein
- Heimatmuseen nächst Leogang, Bramberg, Heilkräutergarten in Hollersbach (alles Pinzgau) und Denkmalhof „Arlerhof" in Abtenau

Steiermark

- Österreichisches Freilichtmuseum in Stübing bei Graz (umfassende österreichweite Präsentation)
- Freilichtmuseum Stift Vorau

Niederösterreich

- Weinviertler Museumsdorf in Niedersulz
- Freilichtmuseum Stadt Haag
- Freilichtmuseum Krumbach in der Buckligen Welt

Oberösterreich

- Mondseer Rauchhaus in Mondsee
- Unterkagerhof in Auberg, Mühlviertel
- Stehrerhof in Neukirchen an der Vöckla
- Mittermairhof in Pelmberg bei Hellmonsödt
- Innviertler Freilichtmuseum Brunnbauerhof Andorf

Burgenland

- Freilichtmuseum Bad Tatzmannsdorf
- Freilichtmuseum „Ensemble Gerersdorf" bei Güssing
- Museumsdorf Mönchhof am Neusiedler See

Wien

- Haidachhof im Schönbrunner Tiroler Garten (Tiergarten Schönbrunn) bewirtschaftet

Sehenswerte Freilichtmuseen in Nachbarländern

Ungarn

- Dorfmuseum Göcsey bei Zalaegerszeg, Komitat Zala
- Ethnologisches Freilichtmuseum Cak, Komitat Vas
- Freilichtmuseum Sösto bei Nyreghasa, Komitat Zabolz
- Dorfmuseum Hollokö, Komitat Nograd
- Freilichtmuseum Szentendre, Komitat Budapest
- Freilichtmuseum Steinamanger Szombathely, Komitat Vas

Tschechien

- Walachisches Freilichtmuseum Roznov pod Radhostem, Mähren

Slowakei

- Museum des slowakischen Dorfes Martin (Skansen)

Südtirol

- Freilichtmuseum Dietenheim bei Bruneck, Pustertal
- Ultentalmuseum St. Nikolaus bei St. Pankraz

Bayern, Baden-Württemberg

- Bauernhausmuseum Amerang, Oberbayern, nördl. Rosenheim
- Oberbayerisches Freilichtmuseum Glenleiten bei Murnau
- Museumsdorf Bayerischer Wald, Tittling
- Freilichtmuseum Neuhausen bei Tuttlingen
- Freilichtmuseum Gutach, Schwarzwald
- Fränkisches Freilichtmuseum, Bad Windsheim

Diese Sehenswürdigkeiten seien unter vielen anderen genannt!

Danksagung

Für die fachtechnischen Informationen und einschlägigen Unterlagen dankt der Verfasser:

- Herrn Johann Stranger, „Pongauer Jägerzaun", 5541 Altenmarkt, Sbg.
- Herrn D. I. Dr. Heinz Barnert, Österr. Forschungsinstitut für Chemie u. Technik, Arsenal, 1030 Wien
- Herrn D. I. Florian Tscherne, Holzforschung Austria, Arsenal, 1030 Wien
- Herrn D. I. H. Bruckner, Techn. Universität Wien, Institut für Baustoffkunde, Aspanggründe, 1030 Wien,

Für die Erstdurchsicht des Manuskriptes:

- Herrn D. I. Arch. Günther Schickhofer, 3400 Klosterneuburg
- Herrn D. I. Arch. Norbert Ullreich sowie Frau Mag. Inge Ullreich, 2371 Hinterbrühl

Weitere wertvolle Hinweise:

- NÖ. Landesreg. D. I. Obleser, „NÖ. Gestalten", 3100 St. Pölten
- Nationalparkverwaltung Hohe Tauern – Ing. Thomas Steiner, 9971 Matrei/ Osttirol und Herr Hofer, Nebenstelle N. P. Hohe Tauern - Nockberge, 9822 Mallnitz
- Alpenzoo Innsbruck, Dr. Michael Martys, 6200 Innsbruck
- Österreichisches Kuratorium für Landentwicklung, ÖKL, 1040 Wien
- Verein „Unken Grenzenlos" – Frau Romana Lidicky, Herr Hans Willberger – 5091 Unken, Sbg.
- Gemeinschaftsinitiative Almenland – Herr Jakob Wild, 8163 Fladnitz – Teichalm, Stmk.

Für das Copyright von techn. Zeichnungen:

- Gustav Alberts GmbH & Co KG, D-58849 Herscheid
- Pongauer Jägerzaun, 5541 Altenmarkt, Sbg.

Fachwortverzeichnis

Die Graphiken im Buch sind mit erklärenden Untertiteln versehen und scheinen im Fachwortverzeichnis nicht nochmals auf, da die bildhafte Darstellung für sich spricht.

Abdeckplatten	– Elemente(Kugel) – Nässeschutz von Hirnholz
Abfasen	– einer Holzkante die Schärfe nehmen
Ablegezaun	– nur zeitweise Umzäunung, im Winter Abbau (Ablegen), auch Hag genannt
Andrehling	– örtliche Bezeichnung des Bänderzaunes
Andübeln	– Befestigen von Metallbeschlägen auf Beton – (Punktfundament)
Bähen	– (braten) Geschmeidigmachen von Ästen durch Erhitzen (Zaunringe – Wid'n)
Bänderzaun	– örtliche Bezeichnungen Ringzaun – Schusszaun – Wid'n
Bloch	– Teil eines Baumstammes
Borke	– *Bast* – äußere Rinde eines Baumstammes
Dübel	– kleiner Holzkeil im Pfosten zur Auflagerung von Rundstangen am Stangenzaun – *Mauerdübel* (Plastik)zum Befestigen von Pfostenlaschen mit Schrauben im Beton
Flechtzaun	– lokale Bezeichnungen Etterzaun-Wid'nzaun
Gartentorfalle	– Schließmechanismus für Gartentore
Gatterl-Gadern	– Tor zwischen Zäunen-Durchlaß
Girschte	– lokale Bezeichnung für gespaltenes Rundholz

Girschtenzaun – lokale Bezeichnung Schränkzaun, Pinzgauer Zaun, Schrägzaun

Habstecken – auch Zuasteck'n – hält (habt) die auf Dübeln gelagerten Stangen zum Pfosten

Hanichl – Hanichelzaun, anstatt Latten werden junge Fichtenrundlinge u.a. angenagelt

Hirnholz – horizontale Schnittfläche eines Holzstammes, mit sichtbaren Holzringen

Kambium – saftige Gewebeschicht zwischen Holz und Rinde eines Baumstammes

Klieben – Spalten von Holz mit Axt oder Beil bzw. unter Verwendung eines Holzkeiles

Kloben – Kegel – bei einem Tor zum Einhängen des Ladenbandes – Scharniere

Kreuzzaun – lokale Bezeichnung Stangenzaun, Rantenzaun

Lamellen – geschmeidige schmale Holzbrettchen zum Flechten geeignet

Lasur – durchsichtige aufgetragene Farbschichte auf Holzzäune

Palisaden – abgefaste, aneinander gereihte Pfähle für Abgrenzungen (Böschungen) und einstmals zu Verteidigungswecken

Pfötschen – aufeinandergelegtes Geäst aus einem Schlag als Abgrenzung

Pfosten – auch Steher genannt, dient zur Standfestigkeit der Zäune im gewachsenen Boden

Querholz – Riegel – Durchzug – waagrechte Verbindung zwischen zwei Stehern

Sägerau – aus dem Sägewerk nicht weiter bearbeitetes Brett, ungehobelt

Schröghag – auf zwei verschränkten Stecken liegen schräg nach oben die Latten (Girschten)
Schwartling – roh belassenes letztes Brett eines im Sägewerk geschnittenen Baumstammes
Spelten – gespaltenes Rundholz
Splint – lebende weiche Holzschichte unter der Borke

Stakete – Staketenzaun – halbrunde Latten, meist oben zugespitzt
Steher – Zaunsäule – runder oder vierkantiger Pfosten, stabilisierendes Zaunelement
Stirnholz – Schnittfläche eines Balkens quer zur Holzfaser

Verkleidung – Teil eines Lattenzaunes zwischen 2 Stehern

Wasserfalle – Spalte zwischen 2 Bretten, wobei Wasser eindringen und längere Zeit nicht abrinnen kann und daher Fäulnisgefahr
Wid'n – Zaunring (Weide – Wid'n)

Zaunring – meist aus Fichtenästen, nach Bähen in sich verdrehter und verwundener Ring
Zaunhalter – Element (Metallwinkel) zur Befestigung der Zaunverkleidung am Steher
Zaunstecken – in den Boden gerammte, schmale Rundhölzer, meist aus nässebeständiger Lärche
Zaunstangen – Rundhölzer – quergelagerte Wipfelstangen beim Stangenhag gerne verwendet

Traditionelle Holzzaunformen in Österreich.

In Bayern in den alpinen Gebieten wie auch in ganz Südtirol findet man im Aufbau ganz ähnliche Zaunformen. In den Südtiroler Talschaften werden die Arten oft sehr verschieden bezeichnet. In der Schweiz herrschen u.a. Lattenzäune und Stangenzäune als Begrenzung vor.

1 Stangenzaun
2 Schröghag
3 Kreuzzaun
4 Staudenhag-Almzaun
5 Pinzgauerzaun (Girschten)
6 Girschten mit Wid'n
7 Bänderzaun
8 A Flechtzaun mit Spelten
8 B Flechtzaun dicht
8 C Flechtzaun mit Spelten
9 Spitzzaun geflochten
10 Schwartlingzaun
11 Schilfzaun
12 Flechtzaun (Lamellen)
13 Flechtzaun (Garten) oberer und unterer Teil verflochten
14 Hanichelzaun
15 Geflochtener Spitzzaun
16 Schröghag

3
4
10
1
LINZ
WIEN
ST. PÖLTEN
11
LZBURG
EISENSTADT
8B
7
GRAZ
7
KLAGENFURT
6
7
8C

Holzfachhandel und Zaunhersteller

Besonders auf Zaunherstellung spezialisiert sind:

- Bauernwald-Rundholzbearbeitung, A-7473 Wiesfleck, Tel. 03357/2332
- Dietrich KG, Säge- und Hobelwerk, Naturzäune aus Lärchenholz, D-83486 Ramsau bei Berchtesgaden
- Fritz Friedrich Ges.m.b.H, A-8130 Frohnleiten-Kühau, Tel. 03126/2594
- Gründler Zäune, A-6341 Ebbs, Tel. 05373/42 353
- Julius Krippl, Holzverarbeitungsges., A-3204 Kirchberg/Pillach, Tel. 02722/23550
- Johann Pabst, Holzindustrie, A-8742 Obdach, Kattal, Tel. 03578 4020-5
- Ing. Phillipp Ges.m.b.H, Hausruckzaun, A-4872 Neukirchen a.d.Vöckla, Tel. 07682/72 93
- Pongauer Jägerzaun Ges.m.b.H., A-5541 Altenmarkt, Tel. 06452/6377
- Zaba Zaun & Balkon, A-9563 Gnesau, Tel. 04278/7000

Baubeschläge:

- Gust. Alberts GmbH & Co. KG., Postfach 20, D-58849 Herscheid

Literaturverzeichnis

Andree Eysn Marie, „Hag und Zaun im Herzogtum Salzburg", Zeitschrift für österr. Volkskunde, 1998, 11. u. 12. Heft

Conrad Kurt, „Führer durch das Salzburger Freilichtmuseum", Salzburg 1984

Deininger Johann, „Das Bauernhaus in Tirol und Vorarlberg", München 1979

Freyenschlag Josef, Gamsjäger Dieter, „Holzarbeiten rund ums Haus", Graz 2002

Handbuch für Sach- und Fachbegriffe, Kärntner Freilichtmuseum, Maria Saal 1985

Krebitz Hans, „Zurück zum Bauernhaus", Klagenfurt 1995

Lukas Elfi, „Heimatliches Bauen", Fachwörterbuch, St. Peter ob Judenburg 1993

Mayer Erich, Von Zäunen und Hagen im Volkslied, Sänger und Musikantenzeitung, München 1995

Milan Wolfgang, Schickhofer Günter, „Bauernhäuser in Österreich", Graz 1992

Milan Wolfgang, „Der Holzzaun in der Österreichischen Kulturlandschaft" ÖKL-ALR Studienblatt, Wien 1993

Milan/Schickhofer/Spiegler, „Dorflandschaft – Alte und neue Dorfbilder aus Österreich", ÖKL, Klosterneuburg 1997

Milan Wolfgang, „Die schönsten Dörfer Österreichs", Graz 2003

Mooslechner Walter, „Winterholz", Salzburg 1998

Moser Oskar, „Handbuch der Sach- und Fachbegriffe", Maria Saal 1985

„Niederösterreich gestalten, schöner erhalten", period. Broschürenserie der NÖ. Landesregierung, mehrfach Beiträge zur Zaungestaltung, St. Pölten

„Niederösterreich gestalten", „Der Garten als Wohnraum", NÖ. Landesregierung, St. Pölten 2005

Pöttler Herbert, „Alte Volksarchitektur", Graz 1975

Rathmanner Petra, „Im Zaun Halten", Gartenmagazin Nr. 5/2004, Wien

Schickhofer Günther, „Alte und neue Holzhäuser", Graz 2002

Schinnerl Heimo, „Bauernmuseen in Österreich", Klosterneuburg 1998

Staffler Richard, „Zäune in Südtirol", Schlern, Verband für Heimatpflege, Bozen 1987

Swoboda Otto, „Alte Holzbaukunst", Salzburg 1975–1986 (3 Bände)

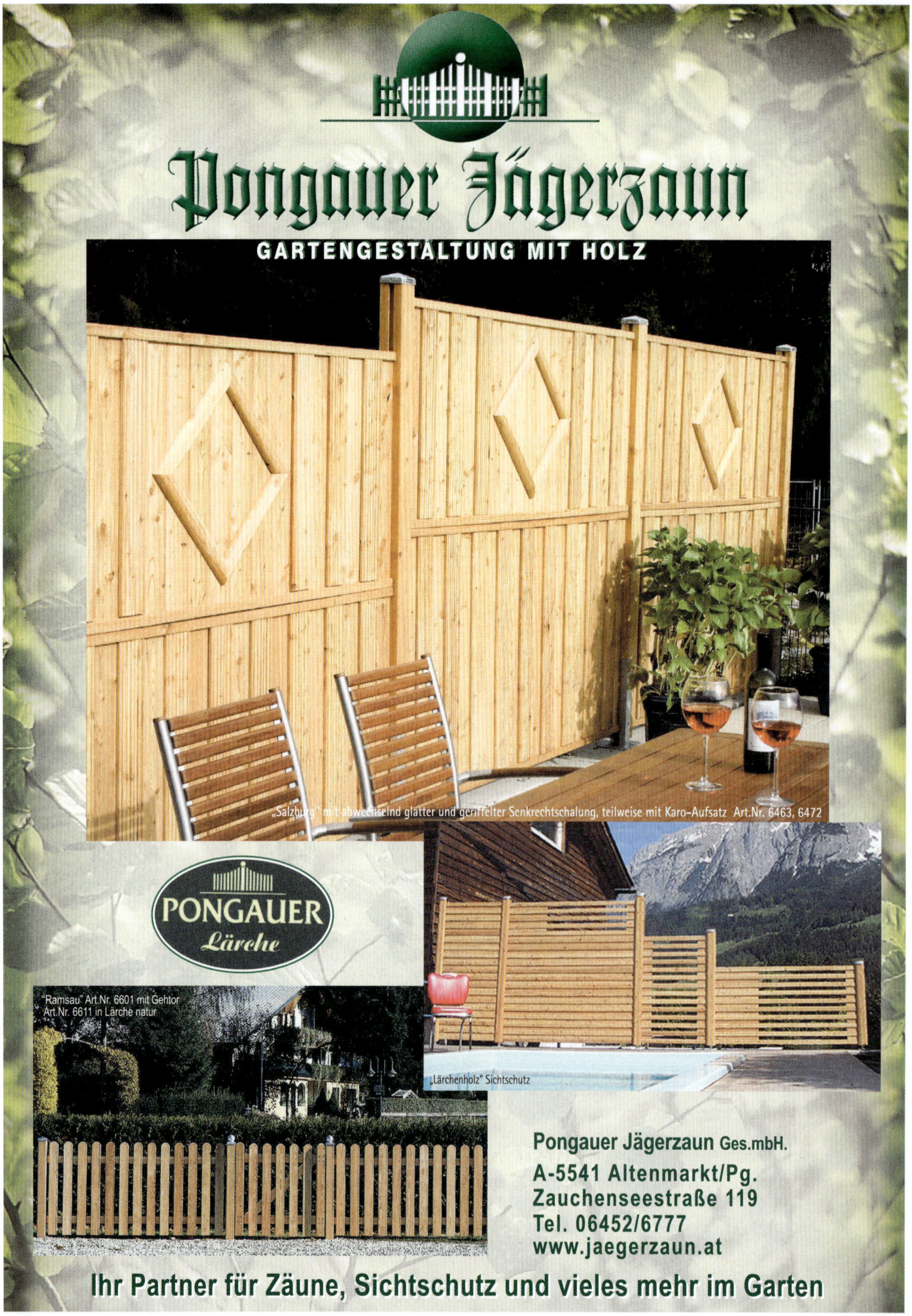
Pongauer Jägerzaun
GARTENGESTALTUNG MIT HOLZ
„Salzburg" mit abwechselnd glatter und geriffelter Senkrechtschalung, teilweise mit Karo-Aufsatz Art.Nr. 6463, 6472
PONGAUER
Lärche
"Ramsau" Art.Nr. 6601 mit Gehtor
Art.Nr. 6611 in Lärche natur
„Lärchenholz" Sichtschutz
Pongauer Jägerzaun Ges.mbH.
A-5541 Altenmarkt/Pg.
Zauchenseestraße 119
Tel. 06452/6777
www.jaegerzaun.at
Ihr Partner für Zäune, Sichtschutz und vieles mehr im Garten

DER SPEZIALIST FÜR IHREN GARTEN!

obra DESIGN

Ing. Philipp GmbH & CoKG, Satteltal 2, A-4872 Neukirchen/Vöckla
Telefon: 07682/2162-0, Telefax: 07682/2165, e-mail: obra@obra.at, www.obra.at

Gartengestaltung komplett von OBRA-Design!

Wir bieten Zäune, Pergolen, Gartenmöbel und Spielgeräte aus druckimprägnierten oder naturbelassenen Hölzern.
Profitieren Sie vom bewährten OBRA-Design-Service - vom Ausmessen über Planung und Angebot bis hin zur Montage - alles aus einer Hand.

ISBN 978-3-7020-0922-9

Josef Freyenschlag / Dieter Gamsjäger

HOLZARBEITEN RUND UMS HAUS

2. Auflage, *144 Seiten, zahlr. Abb. und Skizzen,Hardcover*

Mit Holz arbeiten und gestalten sowie aus Holz schöne und praktische Dinge anfertigen - vor diese Aufgabe sind fast alle Haus- und Gartenbesitzer gestellt. Dieses Buch gibt Ihnen Anleitungen und Tips von der Auswahl des Holzes und seiner fachgerechten Verarbeitung bis hin zur Fertigung der unterschiedlichsten Werkstücke.

Aus dem Inhalt:
- Grundsätzliches über das Holz und seine Lagerung
- Verwendung des Holzes
- Holzfehler und -krankheiten
- Holzverbindungen
- Kleinmaschinen
- Oberflächenbehandlung
- Werkstücke: Sandkiste - Leiter - Werkstattbock - Hocker - Futterhaus - Brunnentrog -Zäune - Türen - Bänke - Tische - Blumentröge - Fassadenverkleidungen - Pergolen ...

Bestellen Sie unverbindlich und kostenlos unser Gesamtverzeichnis:
A-8011 Graz • Hofgasse 5 • Postfach 438 • Telefon (0 316) 82 16 36
www.stocker-verlag.com; E-mail: stocker-verlag@stocker-verlag.com

AUS UNSEREM PROGRAMM:

ISBN 978-3-7080-0872-7

Wolfgang Milan

LÄNDLICHE HOLZBAUKUNST

Alte Vorbilder für Balkone, Türen, Zäune ...
3. Auflage, *156 Seiten, 118 Farbabb. und S/W Grafiken, Hardcover*

Holz kommt als natürlicher Baustoff heute wieder verstärkt zur Anwendung, doch dominieren Einheitslösungen aus dem Katalog. Daher will dieses Buch umfassend Vorbilder für individuellere bzw. landschaftstypische Lösungen präsentieren. Ob im landschaftsgerechten Neubau oder bei der Renovierung eines bestehenden Hauses - **alte Formen** und **Vorbilder** sind auch bei **neuen Lösungen** sehr gefragt. Dieses reich bebilderte Buch führt in die traditionellen Verwendungen von Holz in der Architektur ein, mit besonderem Schwerpunkt auf "Kleinformen" wie **Balkone, Türen** und **Fensterrahmen**.

Aus dem Inhalt:

- Traditionelle Holzbautechnik
- Fenster - Türen - Balkone - Dach
- Blockhaus, Speicher (Troadkast'n), Taubenkobel, Bienenstände, Mühlen
- Brunnen
- Zaunlandschaften
- Wegkreuze

ISBN 978-3-7020-0960-1

Günther Schickhofer

ALTE UND NEUE HOLZHÄUSER

Eigenschaften - Bausysteme - Beispiele *120 Seiten, 100 Farbabbildungen und 29 Skizzen, Hardcover*

In alten Holzbauten, ob in Block- oder Fachwerkbauweise errichtet, steckt sehr viel überlieferte Erfahrung, die auch bei modernen Gebäuden genutzt werden kann.
Als biologischer, nachwachsender und umweltfreundlicher Rohstoff mit hervorragenden bauphysikalischen Eigenschaften eignet sich Holz besonders für moderne Öko-, Passiv- und Niedrigenergiehäuser.
Warum Holz für den Hausbau zunehmend wiederentdeckt, wie es verarbeitet und wo es eingesetzt wird, erfahren Sie in diesem Praxisbuch.

Aus dem Inhalt:

- Eigenschaften von Holz
- Holzschutz
- Alte und neue Holzbausysteme
- Beispiele alter Holzbauten
- Neue Holzwerkstoffe
- Neue Holzhausformen
- Mischbauten (Massiv- und Leichtbauweise)
- Varianten von Holzbauweisen
- Niedrigenergie-, Passiv-, Öko- und Fertighäuser
- Beispiele moderner Holzhäuser
- Mehrgeschoßbauten aus Holz
- Leichte Zu- und Aufbauten aus Holz

Bestellen Sie unverbindlich und kostenlos unser Gesamtverzeichnis:
A-8011 Graz • Hofgasse 5 • Postfach 438 • Telefon (0 316) 82 16 36
www.stocker-verlag.com; E-mail: stocker-verlag@stocker-verlag.com